Johanna Romera

Faire une virée à deux

Couverture : **Chloé S.**

Publié dans la **Collection Aime**

EVIDENCE
—EDITIONS—

Faire une virée à deux

Note de l'éditeur

Evidence Editions a été créée dans le but de rendre accessible la lecture pour tous, à tout âge et partout. Nous accordons une grande importance à ce que chacun puisse accéder à la littérature actuelle sans barrière de handicap. C'est pourquoi nos ouvrages sont disponibles en format papier, numérique, dyslexique, braille et audio.

Tout notre professionnalisme est mis en œuvre pour que votre lecture soit des plus confortables.

En tant que lecteur, vous découvrirez dans nos différentes collections de la littérature jeunesse, de la littérature générale, des témoignages, des livres historiques, des livres sur la santé et le bien-être, du policier, du thriller, de la littérature de l'imaginaire, de la romance sous toutes ses formes et de la littérature érotique.

Nous proposons également des ouvrages de la vie pratique tels que : agendas, cahiers de dédicaces, Bullet journal, DIY (Do It Yourself).

Pour prolonger le plaisir de votre lecture, dans notre boutique vous trouverez des goodies à collectionner ainsi que des boxes livresques disponibles toute l'année.

Ouvrir un livre Evidence, c'est aller à la rencontre d'émotions exceptionnelles.

- 1 -

Depuis trois ans, je m'attelais minutieusement à la même routine bien huilée. Je repoussais au maximum l'achat de mon billet de train en songeant que son tarif élevé représentait le coût de mon immobilisme, de mes peurs et de mes angoisses. Ça me donnait une bonne raison de penser que j'étais vraiment perdue, à la ramasse, incapable... Ensuite, j'attendais le dernier moment pour préparer ma valise. De cette manière, j'avais une chance sur deux pour que mes vêtements favoris se trouvent dans la corbeille de linge sale. À ce stade, j'atteignais un niveau de contrariété assez élevé, tout à fait compatible avec l'état d'urgence dans lequel je me trouvais. En effet, il me restait généralement moins d'une heure avant le départ de mon train… et il me fallait une trentaine de minutes de métro avant d'arriver à la station Gare de Lyon. J'ai oublié de préciser une difficulté supplémentaire, et pas des moindres. Complètement groggy à cause des restes de mon somnifère auquel j'étais si peu habituée, j'évoluais dans un brouillard opaque et incommodant. J'effectuais ainsi mes changements de rame et mon trajet en train à travers un voile cotonneux censé me protéger du monde et de cette satanée magie de Noël. Enfin, après plus de trois heures d'inconfortable trajet au milieu de vacanciers bruyants et mécontents, j'arrivais dans la petite maison de vacances de Provence que mes parents n'avaient pas eu le temps d'occuper. J'y restais en général quatre jours en mode « sous-marin-coupé-du-monde » au terme desquels j'effectuais le trajet en sens inverse, absolument méconnaissable. En effet, je regagnais mon petit appartement parisien avec trois kilos en moins, d'énormes et angoissantes poches bleu-noir-jaune sous les yeux, le visage bouffi, complètement déroutée par la somme indécente de séries Netflix que j'avais ingurgitées. Voilà… Déprimant, hein ?!

Mais c'était ma routine de Noël et, pour rien au monde, je ne l'aurais changée. Je m'y accrochais comme à une bouée de sauvetage. Elle me rassurait, me canalisait, me permettait de tenir. J'avais l'impression que reproduire ces mêmes gestes depuis trois ans m'aidait à ne pas sombrer. Il faut dire que j'étais prête à tout pour fuir Paris pendant les fêtes de Noël. Durant ces quelques jours, j'avais besoin de me réfugier dans un lieu neutre, pas hanté par la mémoire de mes parents. Si seulement il existait une pilule à avaler aux environs du vingt-trois qui permettrait de se réveiller le vingt-sept, ce serait vraiment magique ! En attendant, de petits cachets blancs assommaient mon esprit tourmenté durant ces quelques jours que j'aurais voulu rayer de mon agenda.

Pff ! Noël... Cette fête incarne la représentation de la famille heureuse et épanouie qui nage en plein bonheur... Cette période magique et féerique où tout semble possible... Cette parenthèse enchantée où toutes les familles du monde entier se réunissent, se pardonnent, se disent « je t'aime », s'embrassent et se serrent dans les bras. *Dis donc, elle est encore vite passée cette année... Ça va, tu n'as pas trop de boulot, ma puce ? Ça ne te fatigue pas, cette vie à la capitale ? Tous ces métros, ces gens stressés... Je ne sais pas comment tu fais, ma chérie... Nous, on n'est même pas à quarante minutes de Paris, mais on a l'impression de vivre dans un petit village. Papa et moi, on fait tout à pied. On fait nos courses à pied, on va au boulot à pied. Oh ! Il faut que tu passes à la boutique, on a reçu de nouvelles lunettes, tu vas adorer. Comme ça, tu viens papoter un peu avec M. Fostier, ça fait longtemps qu'il ne t'a pas vue, il me demande souvent de tes nouvelles, tu sais. Sa plus jeune fille a réussi sa première année de médecine, c'est super, hein ? Si tu savais comme il était fier le jour où il me l'a annoncé ! Promets-moi de passer lui faire un coucou !* Évidemment, j'avais promis en levant gentiment les yeux au ciel comme le font les enfants de plus de trente ans lorsque leurs parents les sollicitent pour ce qu'ils considèrent comme des broutilles… J'avais promis et, bien sûr, je n'étais jamais passée au magasin. *Ma petite maman…* Noël la rendait indéniablement nostalgique de mon enfance et du temps qui passe « définitivement trop vite ». *Tu te souviens de ton tout premier gala de danse ? Oui, maman, comme si c'était hier.* J'étais la plus petite de l'école parce que ma mère avait fait des pieds et des mains pour que j'y sois admise et, le jour du spectacle, j'avais refusé de donner la main à « la grande » qui ne ressemblait plus du tout à la gentille adolescente qui me chouchoutait pendant les cours. Ce jour-là, elle portait un gigantesque collant noir brillant qui recouvrait l'ensemble de son corps, avait d'effrayants yeux noirs, une bouche exagérément rouge et ses longs et doux cheveux avaient disparu sous plusieurs couches de gel. Ce monstre n'avait rien à voir avec la douce Jennifer qui avait pour mission de me faire virevolter dans les airs. Mes pirouettes aériennes, qui devaient être le clou de la représentation, s'étaient transformées en un joli vaudeville. Lorsque ma mère avait surpris ma prof en train d'évoquer son spectacle gâché par une gamine qui n'aurait même pas dû intégrer son académie, elle n'avait pas eu d'autre choix que de se disputer avec elle. L'année suivante, elle m'avait inscrite au karaté pour « continuer à travailler mes développés » avant de trouver un autre club « digne de ce nom ». Sacrée maman ! *Tu te souviens quand tu étais petite et que je t'amenais au cinéma voir « le Disney de Noël » ?* Elle adorait se remémorer ces moments presque chaque année, lors du réveillon. *Oh oui, maman, je m'en souviens comme si c'était hier ! Je me souviens de tellement de choses, si tu savais... Je me souviens de tes petites mains fluettes abîmées par la vaisselle que tu faisais chaque jour alors que tu possédais ce lave-vaisselle flambant neuf que j'ai récupéré depuis. Je me souviens de ton rire franc et généreux qui résonnait dans toute la maison et de ta passion pour les films de Pierre Richard. À chaque fois qu'il passait au théâtre, nous allions le voir toutes les deux et tu te mettais sur ton trente et un. Je n'aurai même pas eu le temps de t'emmener à l'opéra, c'est tellement dommage ! Si c'était à refaire, j'aurais pris des places au balcon et t'aurais acheté une robe encore plus jolie que celle que portait Julia Roberts dans* Pretty Woman. *Je me rappelle aussi la manière que tu avais de me raconter tes lectures, avec engouement et passion. Je te revois parfois me livrer ton ressenti sur la société « un peu folle dans laquelle nous vivions ». Si tu savais comme je la trouve encore plus folle depuis ton départ, maman. Et toi, papa, tu crois que je ne pense pas à toi tous les jours ? Je te revois prendre ton petit déjeuner bien avant le lever du soleil et partir à l'aube en sifflant pour ouvrir ton épicerie. Elle était toute ta vie. Tu tenais à acheter les produits préférés de tes clients et ne manquais pas de satisfaire toutes les suggestions que l'on te proposait, même s'il s'agissait de quelqu'un de passage. Tu comptais parmi les rares personnes à travailler encore à l'ancienne. Quand j'ai vidé le magasin, j'ai découvert avec tendresse les crédits que tu accordais à tes clients. Certaines fois, tu barrais des pages entières en écrivant « offert ». Venant de toi, cela ne m'a aucunement étonné et je n'ai pas pu m'empêcher de pleurer en songeant à l'homme si bon et généreux que nous avions tous perdu. Tu étais au courant des jeux de récréation à la mode et des jouets favoris des enfants. Grâce à toi, les parents du quartier n'avaient pas besoin de se ruer au centre commercial pour gâter leurs enfants et dégotter un cadeau d'anniversaire pour un petit copain. Chez toi, on trouvait tout ce dont on avait besoin. Plus jeune, j'adorais faire mes devoirs près de toi à l'épicerie. Je priais pour être dérangée par l'arrivée de clients que tu m'autorisais à encaisser. « C'est la meilleure façon d'apprendre à compter », disais-tu. Je me souviens que tu m'apprenais à lire sur les paquets de pâtes et les boîtes de conserve. Nous lisions les ingrédients, les quelques recettes qui s'y trouvaient, les composés chimiques imprononçables. « Celui-là, tu ne peux pas t'en souvenir depuis la dernière fois, ma fille ! », me complimentais-tu fièrement, lorsque je parvenais à déchiffrer ces noms impossibles à énoncer. Les mots de tes clients, de tes voisins et de tes amis résonnent encore dans ma tête. « C'était la personne la plus gentille que je connaissais ». Je n'en doute pas une seule seconde, puisque c'était le meilleur des pères.*

Depuis que j'avais perdu mes parents dans un terrible accident de voiture, je ne supportais plus la moindre publicité de Noël, l'odeur du chocolat chaud et de la cannelle. La vision d'un pull orné d'un sapin, d'un cerf, du père Noël ou tout autre élément qui rappelait cette fête abominable me terrorisait. Les catalogues indécents de nourritures festives et de jouets en plastique estampillés « made in China » me donnaient la nausée... sans parler de la musique de Noël. Pitié, pas la musique de Noël ! Je ne voulais plus me coltiner une seule fois *All I want for Christmas is you* ! Parce qu'effectivement, la seule chose que j'aurais aimé avoir pour Noël, c'était leur présence, songeais-je tristement en observant les enfants de mon compartiment se chamailler sous le regard admiratif de leur mère.

Une fois de plus, j'avais réussi à braver le froid hivernal (particulièrement hostile cette année), et à m'engouffrer *in extremis* dans mon train. Encore sonnée par ma prise inhabituelle de somnifère, j'avais du mal à supporter les chamailleries enfantines ainsi que la conversation téléphonique de mon voisin. Des mots complètement éloignés de mon registre habituel se bousculaient dans ma tête. *Maman, il m'a tiré les cheveux, c'est pas moi qui ai commencé, c'est lui. Non, je ne pense pas qu'il faille décollecter maintenant, il faut juste être vigilant au marché chinois. Maman, j'ai faim. Oui, l'or est toujours une valeur refuge. Lâche les cheveux de ta sœur. Je ne suis pas d'accord avec vous, je trouve que c'est une bonne perf. N'enlève pas ton pull, il fait froid. Faites-moi confiance et virez les produits structurés de votre portefeuille. Moins de bruit, les enfants...* Cela ne faisait qu'une vingtaine de minutes que nous étions partis, mais c'en était déjà trop pour mes oreilles bourdonnantes. Je n'allais décidément pas pouvoir tenir tout le trajet ainsi.

Sans réfléchir davantage, je récupérai mes affaires, enjambai les jouets qui traînaient par terre et quittai ma place. Je pris un moment pour souffler quelques mètres plus loin et me dirigeai en quête d'un endroit plus calme. Après avoir arpenté des wagons aussi agités que le mien, je trouvai une rangée étonnamment calme. Miraculeusement, deux places étaient disponibles. Je m'installai sur l'une d'entre elles sans trop me poser de questions, fermai les yeux et m'assoupis un moment.

- 2 -

Je dormais depuis un petit moment lorsque j'entendis les contrôleurs installer un client en face de moi, « à la place qu'il était censé occuper ». Mince ! J'allais à mon tour me faire déloger et je ne voulais absolument pas retourner auprès du trader de Wall Street et des bambins déchaînés de mon précédent wagon. En plus de cela, je n'avais aucune envie de me faire réprimander par les agents.

— Désolé encore, c'est juste que j'ai failli louper mon train et je n'ai pas fait attention à l'endroit où je me suis installé. J'étais au téléphone et… je n'ai pas fait gaffe, se justifia une voix masculine.

Je levai machinalement les yeux et reconnus aussitôt le trader de Wall Street qui, précédemment, ne cessait d'échanger sur l'or et la Chine. Il me suit ou quoi ? me demandai-je intérieurement. À quoi bon prendre des risques et frauder pour me retrouver à nouveau à ses côtés une poignée de minutes plus tard !

Je baissai les yeux et commençai à songer à de plausibles explications pour justifier ma présence là. Énoncer la même excuse que cet homme me parut trop redondant et peu crédible. Aussi, je devais trouver mes propres arguments. Et si je feignais la dyslexie ? Cette idée ne me parut pas si mauvaise et, au vu du maigre temps qui m'était imparti, je décidai de m'en emparer. Je saisis mon titre de transport dans la petite pochette de mon sac, et, au moment où je le confiais à un des contrôleurs, un énorme bruit retentit au bout du couloir. L'agent me rendit aussitôt mon billet et partit brusquement vérifier les alentours. Alors que je profitais de ce laps de temps supplémentaire pour m'entraîner à énoncer mon excuse en inversant des lettres comme preuve irréfutable de ma dyslexie, je fus soulagée de constater que cet incident avait clairement détourné l'attention de l'agent. En effet, il était déjà en train de contrôler d'autres clients moins rebelles que moi. Je dus lâcher un petit soupir de soulagement, car mon voisin, le trader, me demanda si tout allait bien.

— Oui, ça va, merci, répondis-je, à la fois surprise et bien décidée à ne pas lui révéler ma petite fraude.

— C'était vous, non, tout à l'heure à côté de moi ? me demanda-t-il en chuchotant.

Malgré ses efforts pour s'exprimer à voix basse, il ne parlait pas assez doucement à mon goût. En effet, les contrôleurs étaient encore tout près et je ne souhaitais pas me faire repérer. Alors que je voulais lui répondre qu'il se trompait afin de couper court à la conversation, je ne pus m'empêcher de mettre mon doigt sur la bouche pour mimer le son « chut ». En agissant de la sorte, je confirmais qu'il s'agissait bien de moi. En guise de réponse, il mima les lettres O et K sans émettre le moindre son. Il ajouta un clin d'œil et réalisa le signe de plongée qui consiste à relier l'index et le majeur pour stipuler que tout va bien. Face à ses pitreries qui détonnaient complètement avec ses précédentes conversations d'expert financier, je retins un rire. Je hochai alors la tête et entrepris de trouver mon livre de poche dans le bazar de mon sac à main.

— C'est bon, ils sont partis maintenant, m'informa-t-il à voix basse, quelques minutes plus tard.

— J'ai… j'ai acheté mon billet, me disculpai-je aussitôt. C'est juste que les enfants là-bas étaient un peu… bruyants.

Il me fallut un moment pour gommer les expressions « gamins », « excités », « déchaînés » de mon vocabulaire.

— Je ne pouvais pas trop me reposer. Enfin… je suis un peu fatiguée, j'avais besoin de calme. Voilà, énonçai-je après m'être abondamment justifiée.

— C'est pas grave, vous savez. Même si vous n'aviez pas de billet, je…

Je le coupai en me retenant de lui montrer mon justificatif.

— Oui, mais c'est pas le cas. Vous voyagez pour le boulot ? enchaînai-je dans l'unique but de focaliser l'attention sur un autre sujet.

Je regrettai aussitôt ma question stupide. En engageant ainsi la conversation, il risquait à son tour de s'intéresser aux raisons de mon déplacement et je n'avais absolument pas envie d'expliquer le contexte de mon voyage.

— Un rendez-vous de dernière minute avant Noël, expliqua-t-il en haussant les épaules.

— Pas de chance, commentai-je en haussant les épaules. Vous travaillez dans la finance, c'est ça ?

— Oui, il semblerait que oui, répondit-il avec une moue d'excuse.

— Vous semblez désolé, il y a pire.

— Non, non, j'adore mon travail. Je repensais juste à ma conversation téléphonique tout à l'heure dans le wagon, ce n'était pas très poli. J'étais vraiment obligé de répondre, ajouta-t-il l'air navré.

— Je vous rassure, c'était moins pénible que les enfants qui se chamaillaient, avouai-je en souriant.

— C'est cool de minimiser les faits.

— On reçoit tous des appels importants.

— C'est sympa d'excuser le Parisien antipathique que je suis. Et vous, vous bossez dans quel secteur ? enchaîna-t-il.

— Je suis prof de danse, affirmai-je en pensant au grand ménage dont j'allais devoir m'occuper dans l'école avant la reprise des cours.

— Super ! commenta-t-il, admiratif.

J'étais assez habituée à ce que ma profession déclenche de vives réactions chez la gent masculine. Aussi, je ne fus pas étonnée par sa réponse.

— Oui, c'est assez sympa, confirmai-je. Je donne aussi quelques cours de français, essentiellement du soutien scolaire.

— Cool. Vous, vous occupez beaucoup d'enfants.

— Oui, répondis-je, non sans souligner sa perspicacité. Je n'ai pas que des petits, j'ai pas mal de bacheliers cette année.

— Le bac français, de vieux souvenirs !

— Ça ne devait pas être votre matière préférée, affirmai-je en songeant à son profil de matheux.

— Ah ! C'est sûr ! Je n'ai jamais rien compris aux commentaires composés, aux dissertations, aux analyses grammaticales...

— Oh ! Ce n'est pas dur, il faut juste choper le truc. C'est comme tout, en fait.

— Ah ben, moi, j'avais pas du tout chopé le truc quand je me suis fait interroger sur Rousseau au bac.

— Vous êtes tombé sur la fessée ? demandai-je, amusée.

— Bingo ! répondit-il en souriant.

— Trop drôle ! Comment vous en êtes-vous sorti ?

— Pas trop mal ! Avec un deux ! Je ne connaissais rien.

— Ah ouais ! Pas mal, effectivement. Il faudrait que vous relisiez le texte aujourd'hui. C'est... intéressant, ajoutai-je en pensant à son contenu érotique.

— J'y songerai à l'occasion.

— Bonne idée, commentai-je au moment où le monsieur assis à côté de lui se racla la gorge, probablement agacé par notre petite conversation.

— Pardon, chuchotai-je à ce passager mécontent, surprenant ainsi le sourire rempli de connivence de l'homme dont je ne connaissais pas le nom.

— C'est quoi, le programme du bac cette année ? poursuivit-il à voix basse.

— Cette année, on a : *Les Contemplations, Les Fleurs du mal, Alcools,* côté poésie. Les lycéens doivent également connaître *Les Fables, Les Lettres persanes, Le Rouge et le Noir, Voyage au centre de la Terre, Enfance*… Quoi d'autre ? Je ne sais plus trop…

— *Le Rouge et le Noir*, ça me fait penser au sketch d'Élie Kakou.

— C'est un beau livre, vous devriez le lire.

— Le titre est beau en tout cas. Ça parle de quoi ?

— En fait, c'est principalement l'histoire de Julien Sorel. C'est un livre en deux parties. Dans la première partie, qui se passe en province, on observe Julien devenir précepteur chez les Rênal. Là-bas, il vit une relation passionnelle avec la femme de son patron. Pour faire taire les rumeurs sur leur idylle, il est envoyé dans un séminaire où il endure pendant un an la haine des autres pensionnaires. Finalement, un abbé lui trouve un emploi à Paris comme secrétaire d'un marquis… et, surprise, il tombe amoureux de sa fille ! Mais bon, ce n'est pas si simple parce que… enfin bref, je ne vais pas vous embêter avec tout ça. En deux mots, voilà l'histoire.

Je me sentis coupable de m'être laissé emporter par mes explications, pourtant, j'ajoutai, pas encore prête à lâcher un de mes auteurs favoris :

— Ce qui est remarquable avec la plume de Stendhal, c'est la façon dont il dépeint l'ambition, l'amour, le passé.

Alors qu'il posait probablement la question par pure politesse, je lui avais fourni un résumé passionné.

— Ça a vraiment l'air sympa, commenta-t-il, l'air pensif, sans exprimer le moindre signe de lassitude ou de désintérêt.

— Ça l'est. C'est un beau livre. Les autres aussi, d'ailleurs.

— Ça leur fait un sacré programme ! Je n'en ai lu aucun !

— Je vous rassure, moi non plus, blaguai-je.

— Ouf ! Heureusement, c'est mieux pour préparer les gamins !

— Oui, je leur apprends l'improvisation, le toupet, le culot, l'art de raconter n'importe quoi avec aplomb.

— *C'est en faisant n'importe quoi qu'on devient n'importe qui*, rétorqua-t-il en souriant.

— Exactement, commentai-je en songeant aux sketches hilarants de Rémi Gaillard.

— Vous êtes aussi un peu prof de théâtre, alors.

— Voilà… Prof de théâtre et de karaté, ajoutai-je en pensant aux cours auxquels m'avait inscrite ma mère pour travailler « mon coup de pied ».

Tu pointes bien, au moins, quand vous faites la bagarre ? m'avait-elle demandé inquiète. *Non, maman, c'est pied flex*, avais-je dû lui avouer, désolée pour elle. Je m'étais bien gardée de lui dire qu'on ne nous enseignait pas non plus « l'art de faire la bagarre », bien consciente que cette précision lui importait peu. *Eh ben, toi, tu pointes*, avait-elle tranché. Évidemment, je n'avais pas suivi ses conseils, soucieuse de m'intégrer au groupe et de me faire aussi discrète que possible. En me remémorant ce tendre souvenir, un sourire teinté d'amertume se dessina sur mes lèvres. Je l'effaçai aussitôt et m'efforçai de raccrocher à la conversation. J'entendis alors vaguement mon voisin me demander si je m'occupais aussi de cours d'athlétisme.

— Oui, je suis spécialiste du lancer de javelot, déclarai-je en riant.

Toutefois, son voisin ne sembla pas accrocher à ma blague et se racla la gorge une fois de plus. Nous poursuivîmes alors notre conversation encore plus doucement.

— Et vous, vous faites quoi exactement dans la finance ? lui demandai-je en tentant de parler le plus bas possible.

— J'ai mis au point une arnaque pyramidale qui me permet de me faire un beau paquet de pognon sur le dos d'innocentes personnes qui ont une confiance aveugle en moi.

— Waouh ! J'admire votre intégrité et votre conscience professionnelle.

— Merci, peu de personnes sont capables de le reconnaître.

— Probablement des jaloux.

— C'est sûr ! affirma-t-il au moment où le vieil homme feinta une quinte de toux pour exprimer son agacement.

Je ne pus m'empêcher de rire. Lorsque je m'aperçus que Madoff riait aussi, je sentis le fou rire me gagner. Aussi, je m'emparai de ma pochette et me levai afin de laisser mes joyeux soupirs s'échapper en toute impunité. Je trouvai assez rapidement la buvette, commandai un café crème et m'installai sur une des tables, le sourire aux lèvres.

- 3 -

Quelques minutes plus tard, je fus tirée de mes réflexions par l'arrivée de « l'homme qui travaille dans la finance ». Décidément, il fallait que je lui demande son prénom, je ne pouvais pas continuer à lui attribuer ce genre de surnoms. Il s'installa à côté de moi en souriant, accompagné d'un café et de plusieurs viennoiseries.

— Tu peux te servir, j'en ai pris pour nous deux, m'informa-t-il.

— C'est gentil, répondis-je, touchée par sa délicate attention.

— Je... je ne t'ai pas demandé ton prénom, ajouta-t-il.

— Nina, répondis-je en souriant. Moi aussi, je voulais connaître le tien.

— Tom. Enfin, je m'appelle Thomas, mais personne ne m'appelle comme ça, sauf peut-être les hôtesses de l'air au micro quand je suis vraiment trop à la bourre.

— Tu as l'air de prendre souvent l'avion, constatai-je.

— Oui, je suis souvent en déplacement. Je m'occupe d'un gros quart sud-est, une zone qui, bizarrement, s'agrandit un peu plus chaque année.

— Sans doute les conséquences du réchauffement climatique.

— Ça doit être ça, répondit-il en souriant à mon trait d'humour.

— Ça te plaît, ton boulot ?

— Franchement ?

— Dans moins de trois heures, nos chemins se séparent. Alors je crois que tu peux te lâcher et tout raconter à une inconnue dans un train que tu ne reverras plus.

— Tu ne m'es pas si inconnue que ça... Je commence à savoir pas mal de choses sur toi. Tu es prof de danse, de français, climatologue, commença-t-il à énumérer.

— Et j'ai un petit faible pour les pains au chocolat. Je peux ? lui demandai-je en faisant référence au sachet de viennoiseries qu'il avait posé entre nous.

— Mais bien sûr, sers-toi.

— C'est cool, je n'ai pas eu le temps de prendre mon petit déjeuner ce matin.

— Moi non plus, trop à la bourre.

— Tu me réponds pour ton travail ? demandai-je, réellement intéressée.

— J'en ai marre de mon job ! lâcha-t-il sans détour.

— Waouh ! C'est dit !

— C'est dit ! répéta-t-il avec un enthousiasme démesuré.

— Ça fait du bien.

— C'est clair ! confirma-t-il en mesurant pleinement les effets bénéfiques de cette affirmation.

— Tu veux le redire ?

— Allez ! Pourquoi pas ? J'en ai marre de mon job ! répéta-t-il un peu plus fort.

— Bravo !

Après une profonde inspiration, il réitéra son affirmation.

— J'en ai marre de mon job ! cria-t-il avec un immense sourire qui s'étala sur l'ensemble de son visage.

Il semblait soulagé, heureux d'avoir laissé échapper un énorme poids.

— On dirait bien que ça vient du fond du cœur !

— Ça vient du fond du cœur. C'est la première fois que je m'autorise à le dire, ça fait un bien fou.

— Ah bon ? C'est vraiment la première fois que…

— Oui, me coupa-t-il. Je me force à croire que j'y suis bien et que j'ai beaucoup de chance, mais je crois que, depuis un moment, je me mens à moi-même. La vérité, c'est que je suis fatigué par tous ces allers-retours et ce stress permanent des fluctuations des marchés financiers. Je suis tout le temps scotché sur mon téléphone à lire les mails, les alertes, les messages que je reçois, les WhatsApp. En fait, je crois que ce qui me retient, ce sont davantage les conditions avantageuses que le boulot lui-même.

— Je vois.

— Ça me plaît, la finance, c'est vraiment le domaine dans lequel j'ai toujours voulu travailler… mais bon… être tout le temps en représentation, passer son temps en rendez-vous clientèle, multiplier les réunions, les séminaires… Ouais, c'est sûr, j'ai trouvé ça marrant, allez, les deux ou trois premières années… On a l'impression d'être un peu une star, c'est drôle deux minutes. Maintenant, je suis un peu blasé. C'est pas bien, je sais, je me rends compte la chance que j'ai d'avoir un job… et en l'occurrence, un bon travail. Énormément de personnes aimeraient être à ma place, ajouta-t-il, tout penaud.

— C'est pas grave. C'était peut-être ton rêve de gosse et, en le réalisant, tu te rends compte que c'est… disons… un peu différent.

— Ouais, c'est vrai. C'est sûr.

— Et puis, ce que tu décris, ça a l'air d'être un travail qu'on fait pendant une période de sa vie, peut-être pas toute une vie, non ?

— Probablement, oui. Tu as raison. À moins de trouver quelque chose de plus sédentaire un jour ou pourquoi pas monter ma propre structure. J'y ai déjà pensé, mais parle-moi plutôt de toi, me demanda-t-il avec un immense sourire et des yeux qui se mirent soudainement à pétiller.

Je m'aperçus alors que ses yeux verts étaient ornés de pépites jaunes et que, lorsqu'il souriait, des petits plis pleins de charme se formaient autour de ses yeux. Les fossettes qui creusaient légèrement ses joues le rendaient à la fois séduisant et sensible. En outre, son sourire semblait généreux, franc et sincère. Perdue dans mes pensées contemplatives, je l'entendis me poser à nouveau sa question. Gênée, je secouai ma tête, comme si ce simple geste avait le pouvoir de remettre miraculeusement mes idées en place.

— J'adore danser. C'est ma passion. Je danse depuis toute petite, énonçai-je sans grande originalité.

— C'est super.

— Oui, c'est vraiment super, confirmai-je, pleinement consciente de ma chance.

— C'est quoi, ta spécialité ? Plutôt le classique ? Le rap ?

— Le rap ? Tu as bien dit le rap ?! me moquai-je.

— Mince, je me suis trompé. Comment ça s'appelle déjà... euh... le rap ? Non, c'est pas le rap ! Oh, ma petite nièce, en fait, je suis même déjà allé la récupérer à son cours. Toutes les gamines ont des collants noirs et elles dansent sur des musiques actuelles... Elles se la jouent un peu danseuses de clip de RnB. Allez, dis-moi comment ça s'appelle au lieu de rire ! s'impatienta-t-il, navré de ne pas réussir à retrouver le mot qu'il cherchait en vain.

— Tu veux peut-être parler du jazz ?! Ou du street jazz ?!

— Le jazz ! Voilà, c'est ça !

— Le jazz, le rap, c'est presque pareil, ironisai-je.

— J'ai quand même une bonne lettre.

— En plus, t'es presque pardonné parce qu'il arrive souvent que les filles dansent sur des chansons de rap !

— Ah ben voilà ! Je savais bien que je ne disais pas n'importe quoi non plus !

Au moment où il allait me poser une autre question, une annonce au micro coupa nos confidences :

En raison de conditions météorologiques extrêmement défavorables, nous pouvons d'ores et déjà vous annoncer un retard de vingt-deux minutes, le train ne voyageant pas à sa vitesse maximale. La SNCF vous prie de bien vouloir l'excuser pour la gêne occasionnée et vous souhaite néanmoins un agréable voyage en notre compagnie. Nous vous rappelons qu'il existe...

L'annonce fut aussitôt recouverte par de nombreux soupirs traduisant le mécontentement collectif quant à cette mauvaise nouvelle.

— Bon, ben, j'espère que les annonces ne vont pas se multiplier. C'est ce que tu préfères, toi, le jazz ? enchaîna-t-il.

Je réfléchis en regardant les arbres se plier sous le poids du vent glacial à travers ma fenêtre, puis répondis.

— J'aime bien toutes les danses. J'adore le street parce que c'est hyper actuel. Les élèves sont marrantes parce que, souvent, elles connaissent mieux les chansons que moi et les passent en boucle chez elles. Après, j'ai un faible pour les groupes de classique baby, elles sont trop mimi dans leurs tutus. Puis c'est vraiment craquant de voir tous les efforts qu'elles font pour bien écouter et reproduire les mouvements.

— En gros, t'aimes tous les cours.

— Ouais, pas faux. Sauf les danses latines et les danses de couple, je déteste.

— Oh, mince ! Moi qui pratique le flamenco depuis tant d'années !

— Ah oui ? J'aimerais bien voir ça !

— Alors là, il y a un peu trop de monde ! Et puis, il n'est pas très conseillé de rester debout dans un train avec ces conditions météo « extrêmement compliquées », affirma-t-il. Sinon, je t'aurais fait une démo volontiers.

— Quel dommage ! C'est vraiment regrettable !

— T'inquiète, il y aura plein d'autres occasions ! lança-t-il comme une boutade supplémentaire.

Cependant, je ne pus m'empêcher d'être traversée par l'idée que ce serait agréable de le revoir un jour, à Paris, dans un autre contexte. Aussi, je me demandai s'il avait énoncé ces paroles complètement innocemment ou si l'envie de passer un moment à mes côtés se cachait derrière ces quelques mots spontanés. Je m'interdis aussitôt ce genre de pensées aussi stupides que stériles et répondis à mon tour sur le ton de l'humour.

— Je paierai cher pour voir ça ! annonçai-je en clignant de l'œil.

À ce moment, plusieurs pensées s'imposèrent à moi. La première était que nous étions passés du vouvoiement au tutoiement sans même que je m'en rende compte. La seconde, qui découlait directement de ce premier constat, était que nous discutions depuis un bon moment déjà… et que c'était fort agréable. Les mots glissaient tout seuls, assez naturellement. Un peu comme si nous nous connaissions depuis longtemps. Enfin, j'étais forcée de constater que la présence de Tom m'avait complètement détournée de mon aversion au sujet des fêtes de Noël. Alors que ce trajet aurait dû s'effectuer dans une tristesse teintée de pleurs mal contenus, il se déroulait dans une ambiance douce et anormalement apaisée. Toutefois, je ne pouvais pas rompre aussi facilement avec mon rituel de Noël. Ce pèlerinage, c'était ma façon de commémorer la disparition de mes parents. En occupant cette petite maison, j'avais l'impression de leur rendre hommage. Cette dernière pensée m'enveloppa de culpabilité vis-à-vis de mes parents que j'eus soudain l'impression d'abandonner. Aussi, je profitai de ce moment de flottement pour proposer à Tom de regagner nos places. Pour appuyer mes propos, j'évoquai l'augmentation du nombre d'usagers dans la cafétéria, consécutive à l'annonce. Après un coup d'œil circulaire, il confirma qu'il y avait vraiment beaucoup trop de personnes dans cet espace confiné qui sentait tout à coup beaucoup trop l'œuf et la mayonnaise. Une fois de plus, cet inconnu me fit sourire.

- 4 -

Nous regagnâmes notre wagon avec la sensation que nous avancions plus vite que le train qui subissait, comme nous l'indiqua une nouvelle annonce, un retard supplémentaire. Tom s'assit et se replongea dans la lecture de ses mails et pour ma part, je sombrai dans un sommeil léger. Avant de m'endormir, je l'entendis pianoter sur les touches de son smartphone, énoncer un silencieux « allô oui » avant de se lever pour engager sa conversation téléphonique un peu plus loin. Il semblait effectivement avoir énormément de travail, et à ce titre, je comprenais son ras-le-bol professionnel. Le domaine de la finance n'était-il pas réputé pour être peuplé de requins ? Peut-être que sous ses airs *a priori* sympa, Tom ne faisait en réalité que de la figuration et de la représentation. Il avait lui-même avoué agir ainsi dans sa sphère professionnelle, il pouvait très bien user de ses talents de comédien également dans la vie courante. Oh ! Et puis, peu importe ! Il peut jouer la comédie si ça lui fait plaisir ! Je m'en moque, je ne le reverrai plus.

La suite du trajet s'avéra beaucoup plus silencieuse. Nous échangeâmes seulement quelques mots de politesse entendus, à l'opposé des réelles conversations que nous avions précédemment engagées. J'avais éclaté la bulle à l'intérieur de laquelle nous avions trouvé refuge un peu plus tôt, et depuis, chacun était muré dans ses pensées et ses préoccupations. De toute évidence, c'était mieux ainsi. J'allais regagner la maison de mes parents, y construire mon terrier, puis en ressortir quelques jours plus tard. Parfait petit programme de Noël. Au moment où le train, proche de sa destination, commença à ralentir, Tom et moi multipliâmes les sourires gênés.

— Bon ben… on est bientôt arrivés, commença-t-il.

— Oui… et je ne me suis même pas fait attraper par les contrôleurs !

— Attention, il reste encore quelques mètres, ils peuvent toujours te demander de regagner ta place.

— Mince, c'est vrai, on devrait parler moins fort, proposai-je en réduisant le volume sonore de ma voix.

— Je me rends compte que je ne t'ai même pas demandé ce que tu allais faire à Aix. Tu vas fêter Noël là-bas, c'est ça ? Me demanda-t-il comme s'il s'agissait d'une évidence.

Paralysée par cette question pourtant anodine, je me trouvai incapable de lui répondre. J'eus soudain chaud, mon pouls s'accéléra, je sentis ma tête tourner et des fourmillements apparurent dans mes membres inférieurs. Alors que naïvement, j'avais cru pouvoir y échapper, sa question claquait sur ma joue aussi fort qu'une gifle.

— Je... je..., balbutiai-je maladroitement.

Trouve quelque chose de cohérent à raconter, Nina. Tu dois répondre quelque chose... Tu ne peux pas rester muette face à une question aussi banale. Ou bien tu inventes une histoire, ou bien tu dis la vérité, mais il faut enchaîner. Ah oui, autre option : tu noies le poisson... Oui, c'est pas mal ça, je vais essayer de noyer le poisson, ça me parait pas mal...

— Comme tout le monde, je suppose, réussis-je à répondre finalement.

— Passe de bons moments en famille alors, me souhaita-t-il en enfonçant plusieurs aiguilles dans mon cœur sanguinolent.

— Oui, merci, répondis-je la gorge tremblante.

Détourne l'attention, Nina. Ramène l'attention sur lui ! Ça devient urgent !

— Et toi alors, tu fêtes Noël sur Aix ou Paris du coup ?

— Non, je remonte demain matin, et après, je trace chez mes parents pour le réveillon.

— Encore une journée marathon !

— Je ne sais pas ce qui est pire : bosser le jour de Noël ou me retrouver en famille… J'ai un doute quand même avec mes sœurs et leurs gosses qui crient partout, ma mère qui stresse pour son repas et mon père qui se la joue œnologue avec mes beaux-frères…

Pour ma part, je n'avais aucun doute, je savais parfaitement où était la meilleure place. La plus douce, la plus confortable, la plus moelleuse.

— Je te souhaite un bon réveillon alors… et bon courage.

— Pareil pour toi.

— Merci, répondis-je en retenant mes larmes.

Je me visualisai soudain seule et déprimée sur l'immonde canapé fleuri de mes parents et j'eus pitié de ma lamentable existence.

— Bon, ben… je te souhaite un très joyeux Noël alors, ajouta-t-il.

— Oui, pareil pour toi, répondis-je la voix tremblante.

— Et… une bonne continuation.

— Ouais, une très bonne continuation. Tout plein de belles choses. Hep ! Hep ! Hep ! On ne va quand même pas se souhaiter « bonne année » ! Ça porte malheur de se le dire avant la date fatidique !

— D'ailleurs, je me demandais si tu voulais bien me laisser ton numéro… comme ça, je pourrais t'envoyer un petit texto pour la nouvelle année… Enfin, si tu es d'accord…

Déboussolée par sa question, je me retrouvai complètement démunie. J'étais loin d'imaginer que j'avais pu susciter le moindre intérêt chez cet homme grand, élégant, charmant, sûr de lui, au physique si avantageux. De mon côté, je m'étais jetée dans ce train sans maquillage et c'était tout juste si je n'étais pas en pyjama.

— C'est gentil, mais je ne préfère pas, m'entendis-je lui répondre.

Mais qu'est-ce qui ne tourne pas rond chez moi ? Le sosie de Hugh Jackman me demande mon numéro et je refuse ! J'ai vraiment un problème.

— Pas de souci, comme tu veux, répondit-il sans cacher sa déception. Prends soin de toi, ajouta-t-il machinalement.

Ces quelques mots anodins agirent sur mon cœur brisé comme un pansement.

Si tu savais comme j'aurais besoin de prendre soin de moi. Au lieu de cela, je vais me malmener durant ces quelques jours de « vacances ». Je vais me morfondre jusqu'à me brûler les yeux, m'irriter le larynx et me coltiner une barre persistante sur mon front et l'ensemble de mon crâne. Ce n'est pas tout le temps comme ça, je te rassure. Je dirais même qu'en dehors des fêtes de Noël, je mène une vie à peu près normale... Évidemment, il y a des jours plus difficiles que d'autres tels que les anniversaires, les rares fois où je passe devant les magasins de mes parents, les moments où les souvenirs m'étreignent sans prévenir... Mais globalement, ça va. Il n'y a qu'à Noël où tout se délite...

— Ça va ? Me demanda-t-il tout à coup, conscient que mes pensées m'avaient transportée loin de lui.

— Oui, juste un petit coup de fatigue, mentis-je.

— Repose-toi bien, danseuse.

Ce surnom sonna comme un poème au creux de mes oreilles attendries. Aucun de mes compagnons précédents ne m'avait appelée de la sorte. En agissant ainsi, il me procurait le sentiment d'être unique, gracieuse, aérienne. À l'opposé de ce que je dégageais dans cet immense jogging estampillé « I love dancing » que j'utilisais de temps en temps pour mes groupes de street. *Danseuse*, me surpris-je à répéter dans mes pensées.

— Toi aussi, Warren Buffet, m'autorisai-je à lui répondre.

Il s'esclaffa et me répondit que jamais personne ne l'avait appelé ainsi. Je me retins de lui avouer que personne ne m'avait jamais non plus appelée *danseuse*... et que ça faisait frétiller mon petit cœur en convalescence. À présent, nous étions debout et nous attendions que les voyageurs devant nous avancent afin de descendre du train. Galant, il me laissa passer devant lui et aussitôt, je regrettai de ne plus pouvoir observer ses yeux remplis de pépites dorées et sa petite barbe naissante qui laissait entrapercevoir ses fossettes pleines de charme. Stop ! me sermonnai-je mentalement. Je ne suis pas venue ici pour rencontrer un loup de la finance déguisé en gentil père Noël innocent. Pas besoin de meurtrir davantage mon cœur démoli et atrophié. Soudain, je l'entendis se rapprocher de moi. Il avança sa bouche tout près de mon oreille et m'indiqua :

— Regarde, Schtroumpf grognon est encore en train de râler.

Je cherchai du regard notre voisin désagréable et ne pus m'empêcher de rire lorsque je le vis alterner des coups d'œil rapides et agressifs entre sa montre et le quai.

— Tu crois qu'elle est aussi pénible que lui, celle qu'il rejoint ? demandai-je avec amusement.

— Pff ! Tu parles ! Il ne rejoint personne… Il fête Noël tout seul, le pauvre.

Je décidai de ne pas m'attarder sur le triste constat que tout comme lui, je fêtais Noël toute seule. Cependant, j'espérai ne jamais lui ressembler. Non, je ne voulais pas vieillir aigrie.

— Il est peut-être malheureux, ce monsieur, l'excusai-je.

— Peut-être oui. Dans ce cas-là, on n'est pas très cool de se moquer de lui.

— Eh oh ! Je te signale que c'est toi qui as commencé ! plaisantai-je en pressant gentiment son ventre avec mon coude.

— Après les fêtes, j'irai lui rendre visite avec une bûche au chocolat pour m'excuser.

— Et une dinde.

— Et une dinde, promis.

Les passagers qui nous précédaient commencèrent à avancer et à notre tour, nous nous dirigeâmes vers la sortie. Tom m'aida à récupérer ma valise pourtant pas bien lourde et, au moment où nous descendîmes du train, il crut bon de préciser :

— Bon, je ne te dis pas au revoir maintenant, on a encore un bout de chemin à partager jusqu'à la sortie de la gare.

— C'est le moment ou jamais de me confier un truc que tu n'as jamais dit à personne, lançai-je en marchant le long du quai, saisie par ce froid hivernal.

— Je t'ai déjà avoué que j'en avais marre de mon job, c'est pas mal, non ?!

— Pas mal, ouais.

— Ah OK, tu n'es pas encore rassasiée. Tu veux autre chose.

— On ne se reverra plus après, alors...

— OK, capitula-t-il. Puisqu'on ne se reverra plus, j'ai envie de te dire que je te trouve très be... commença-t-il. Tu es vraiment jolie comme un cœur, corrigea-t-il après une petite interruption. Est-ce que j'ai vraiment dit « jolie comme un cœur » ?! Se reprit-il. Plus personne n'emploie cette expression !

— Je confirme, plus personne. À part les étrangers qui apprennent le français... et les mamies. Oui, les mamies aiment bien ce genre d'expressions, affirmai-je pour masquer ma gêne.

Troublée et surprise par son compliment, je fis mon possible pour ne pas me laisser embarquer par cette douce déclaration. *Je ne suis pas là pour minauder !* me sermonnai-je aussitôt.

— C'est parce que je suis un peu un papi… La quarantaine approche, c'est pour ça, embraya-t-il.

— Pourquoi, tu as quel âge ?

— Trente-sept.

— Ce n'est pas vieux, trente-sept ans. Tu as des enfants ?

— Neuf. Et toi ?

— C'est bête de t'être arrêté à neuf. Si près d'un chiffre rond…

— Non, un chiffre impair, c'est plus sympa. Comme ça, il y en a toujours un qui reste à part… Ça fait des disputes, ça met de l'ambiance. Et toi ?

— Combien j'ai d'enfants ? Cent vingt-quatre ! affirmai-je en souriant.

— C'est ton nombre d'élèves, déduisit-il avec perspicacité. Tu en as en dehors de l'école ?

— Non.

— Parfois, quand je vois mes copains faire des chatouilles à leurs gamins et les porter sur leurs épaules, ça me donne envie… Puis, d'autres fois, quand je vois ma sœur galérer avec les siens, je me dis que je suis tranquille comme ça.

— Je comprends, avouai-je parfois tiraillée par l'envie d'être maman.

— T'as encore le temps de penser à tout ça ! T'es toute jeune ! rétorqua-t-il.

— Ah bon !

— Ben oui... Pourquoi tu as quel âge ?

— On ne t'a jamais dit que ce n'était pas poli de demander son âge à une fille ?

— Ma grand-mère serait furieuse si elle me voyait...

— Bon allez, devine.

— Hors de question. Je suis trop nul à ce jeu-là. Imagine, si je te donne un an ou deux de plus, tu vas te vexer et je vais annihiler toutes mes chances de te séduire.

— Ah bon, parce que tu penses avoir des chances de me séduire ? Le paraphrasai-je, amusée.

Toutefois, sa déclaration me troubla profondément et sur le moment, j'eus effectivement envie de me laisser séduire par cet homme superbe, drôle et délicat, même si je savais pertinemment que ce n'était pas une bonne idée.

— Bien sûr ! Nos chemins ne se sont pas encore quittés, j'ai encore une chance d'obtenir ton numéro.

— J'ai à peu près le même âge que toi, énonçai-je pour éluder son invitation, troublante, à lui communiquer mes coordonnées.

— Ah bon, j'aurais dit moins de trente.

— Ah ! Ah ! Pas mal ! C'est flatteur !

— Non, mais c'est sérieux ! Je pensais que tu avais vingt-cinq ou vingt-six ans.

— Merci de me rajeunir, répondis-je malgré tout flattée.

Je voulus également le remercier de m'appeler « danseuse », mais je gardai cette pensée pour moi.

— Bon... ben, nos chemins se séparent ici, affirma-t-il en pointant du doigt le chauffeur qu'il avait réservé.

— Bon rendez-vous alors. Bosse bien.

— Tu veux que je te dépose quelque part ? Me proposa-t-il avec un immense sourire.

— Ça va aller, je te remercie, répondis-je, pas encore prête à baisser les armes.

— Tu es sûre, insista-t-il.

— Certaine, affirmai-je bêtement.

— Et pour ton numéro, tu penses que...

— Désolée, le coupai-je le cœur lourd.

— Bon... Ben, joyeux Noël, me souhaita-t-il en distillant son charme fou partout autour de nous.

— Toi aussi !

— On se fait la bise ? proposa-t-il en approchant sa joue.

— Bien sûr, répondis-je en lui offrant la mienne.

Envoutée par son parfum boisé, je regrettai de ne pas l'accompagner dans son taxi, son hôtel, au bout du monde.

Avant de plonger dans son véhicule, il m'adressa un signe de la main, m'offrit un magnifique sourire, puis la voiture disparut en un claquement de doigt… et avec elle, tous mes espoirs de rompre cet affreux Noël que je m'infligeais obstinément.

- 5 -

Lorsque j'ouvris la porte de la maison de mes parents, une odeur de renfermé me saisit et me donna la nausée. Malgré le froid glacial, j'allais devoir l'aérer, lui donner l'occasion de respirer, laisser l'air frais l'atteindre et la pénétrer. Tout comme moi, cette maison était sur pause depuis trop longtemps. Avant mes parents, une famille abritait ses rires, ses peines et ses joies. À l'issue de la signature chez le notaire, elle aurait dû recueillir les confidences et les moments complices de mes parents. Or, elle s'était éteinte en même temps qu'eux, sans qu'ils aient pu en profiter une seule fois. Prévoyants, ils avaient choisi l'assurance qui me protégeait le mieux en cas de décès. Aussi, ce bien ne me coûtait absolument rien et, au lieu de l'entretenir en mémoire de mes parents, je le laissais se dégrader et le souillais de mes pleurs et de mes lamentations. En mauvaise fille, je ne m'étais jamais occupée de le nettoyer, de le restaurer, de lui donner une seconde vie.

Je décidai qu'il était grand temps d'offrir à cette maison le nettoyage qu'elle méritait. Sans prendre le temps d'ouvrir ma valise, je me ruai sous l'évier et sortis tous les produits ménagers que j'y trouvai. Prévoyante et maniaque, ma mère avait fait le plein, constatai-je tristement. Allez ! Le moment était venu de rendre hommage à tous ces produits d'entretien qui s'abîmaient dans les placards et de prendre soin des économies d'une vie que mes parents avaient investi dans ce bien. Aussi, je briquai la maison pendant plus de quatre heures sans faire de pause. Tout y passa. Le sol, les fenêtres, les murs, les placards, le plafond, les tiroirs, les sanitaires. Au terme de ce grand nettoyage, je m'allongeai sur l'immonde canapé d'origine et m'endormis, complètement vannée par tous ces efforts, mais, malgré tout, fière de moi.

Je me réveillai aux alentours de seize heures, déboussolée et affamée. Je cumulais à la fois la fatigue du train du matin, les restes du somnifère de la veille auquel j'étais si peu habituée et l'angoisse que j'avais emmagasinée en prévision de ce pèlerinage. Un bon bain n'allait décidément pas me faire de mal. Je m'emparai alors de mes affaires de toilette et montai à l'étage. Je pris soin de ne pas ouvrir la chambre destinée à mes parents et me glissai dans un bain rempli de bulles. D'emblée, mes muscles se détendirent sous l'effet anesthésiant de l'eau chaude. J'y restai un long moment et en ressortis ressourcée et régénérée. Remplie d'un regain d'énergie, je m'habillai avec les quelques vêtements que j'avais lancés dans ma valise, déposai sur mon visage un peu de crème et appliquai le strict nécessaire de maquillage autour de mes yeux, sur mes joues et ma bouche. Mon métier de professeur de danse m'obligeait à une certaine rigueur à laquelle je m'astreignais sans même m'en rendre compte. Je me voyais difficilement accueillir mes élèves le visage négligé et ravagé par les pleurs alors que je demandais aux filles un chignon parfait et une tenue impeccable. Une fois prête, je retournai sur le canapé du salon… et écoutai les secondes de la vieille pendule s'égrener. J'observai les antiquités autour de moi qui n'avaient pas eu le temps d'être décrochées en ayant l'étrange impression de loger dans un musée boudé par ses visiteurs. Une horloge bancale, un cadre représentant un étang et des canards, une grappe de raisin en pâte à sel moisissaient tout doucement sur les murs de mes parents. Un autre coup d'œil me rappela que les placards étaient aussi vides que mon estomac. Si je voulais assouvir mon petit creux, il allait falloir que je m'extirpe de mon antre larmoyant. M'accrochant à cette évidence, je m'emparai de mon manteau, de mon indispensable bonnet et de mon écharpe et partis en quête d'infâmes saletés insipides. Même si je calais après deux ou trois bouchées de ces cochonneries, écœurée et peu habituée à cette alimentation trop riche, je ne tenais absolument pas à déroger à ce rituel faussement réconfortant.

Après une courte marche, j'arrivai près du centre-ville. La proximité du centre avait été le principal critère de mes parents. Ils prévoyaient effectivement de finir leurs vieux jours là et de « tout faire à pied ». Je me rendis soudain compte que je ne connaissais quasiment pas le coin. Trop occupée à zoner sur le canapé, je n'avais jamais fait le tour de ces petites ruelles pleines de charme. En un an, certains magasins semblaient avoir disparu et quelques nouveaux bars avaient ouvert leurs portes. Il m'avait fallu attendre trois Noëls dans cette ville avant de la regarder et de la trouver belle. Je constatai alors que mes pas m'avaient conduite dans de pittoresques ruelles pavées, remplies de charme et d'authenticité.

Évidemment, le zombie qui marchait dans les rues aixoises les années précédentes ne s'y était jamais aventuré, se bornant uniquement à la supérette et à la boulangerie. Malgré le froid saisissant, je fus subjuguée par ces petites échoppes et ces places où il semblait bon de flâner en plein été. J'imaginai soudain que je pourrais peut-être séjourner dans le coin lorsque la douceur du soleil irradierait les visages en terrasses. Je réfutai aussitôt cette idée et laissai mes pas poursuivre leur vagabondage au gré de leurs envies. Malins, ils me conduisirent vers des ruelles toujours plus attrayantes, au charme et au cachet indiscutable. Attirée par la chaleureuse devanture d'un bar, je décidai de m'y poser pour boire un verre. Après tout, je n'avais aucun programme et aucune personne qui m'attendait et qui s'inquiétait pour moi. J'étais probablement dans le même cas que le papi acariâtre du train, pensai-je en souriant.

Je pris place dans cet établissement à la décoration chaleureuse et m'y sentis immédiatement à l'aise. Des livres biscornus et usés occupaient tout l'espace. Ils s'échappaient des bibliothèques pour traîner sur des tables, des guéridons, une partie du comptoir. Le bois, bien qu'omniprésent, laissait place par endroits à d'antiques briques rouges qui conféraient au lieu un style new-yorkais, agréablement *vintage*. La musique diffusée était douce et suave, du jazz qui réchauffe les corps en hiver, complètement raccord avec l'endroit. Malgré la douceur du lieu et la chaleur qui s'en dégageait, il m'était impossible de me réchauffer. Le froid me collait à la peau autant que ma peine et mes regrets. Le verre de vin rouge que je commandai n'y changea rien. Toujours emmitouflée dans ma doudoune, je parcourus un des livres qui trônait sur la table d'à côté. Plongée dans ce recueil de poésie, je ne m'aperçus pas tout de suite de la présence de Tom. C'est lorsque j'entendis une voix masculine dire « coucou » que je relevai la tête et tombai nez à nez avec ses yeux remplis de pépites dorées.

— Oh, salut ! répondis-je, surprise.

— Tu me suis ou quoi ? me demanda Tom en souriant.

— Oui, j'ai passé la journée à te chercher partout. J'ai écumé tous les bars aixois et, enfin, je tombe sur toi. Quel bonheur de te retrouver !

— N'est-ce pas ?! Tu viens d'arriver ? Tu as encore ton manteau.

— Non… c'est juste que je n'arrive pas à me réchauffer.

— Attends, ne bouge pas, me prévint-il.

Quelques minutes après, il revint avec trois plaids ultra doux qu'il installa au-dessus de mes épaules. Ce geste, pourtant dénué de tout caractère érotique, me procura des frissons sur l'ensemble de mon corps. Depuis combien de temps ne s'était-on pas occupé de moi ainsi ? Décidément, cet homme était surprenant.

— C'est vraiment adorable, merci.

— Je n'ai aucun mérite, je suis déjà venu ici le soir et je sais qu'ils ont ça sous le coude. C'est marrant de se retrouver là, tu ne trouves pas ?

— Carrément, confirmai-je avec emphase.

— Tu vois, tu n'as pas voulu me donner ton numéro… mais on a fini par se retrouver.

— C'est ça… ou bien tu as installé un traceur sur mon téléphone et tu me géolocalises, comme dans les téléfilms flippants qui sont diffusés en début d'après-midi. Il faut que je me méfie, tu es peut-être un dangereux psychopathe.

— Est-ce que le dangereux psychopathe pourrait s'asseoir pour prendre un verre avec toi ? me demanda-t-il alors qu'il était toujours debout.

— Euh… je ne sais pas, simulai-je alors que j'en avais terriblement envie.

— Tu préféreras peut-être le fond de la salle, il y a une cheminée… ça pourrait t'aider à te réchauffer.

— Oh ! C'est vrai ? demandai-je avec intérêt.

— Viens voir, me proposa-t-il.

Sans hésiter, je pris mon sac à main et le suivis dans la pièce du fond. J'y trouvai effectivement une belle cheminée en pierre, des canapés en cuir, des fauteuils Chesterfield, toujours des livres, un vieux tourne-disque, des lampes tamisées et un piano.

— Waouh ! m'exclamai-je, saisie par la beauté du lieu.

— Ravi que ça te plaise !

— C'est carrément génial, tu veux dire !

— Ouais, c'est vrai que c'est sympa !

— Comment tu as connu cet endroit ?

— J'ai pas mal de clients dans le coin. Et… c'est vrai que j'aime bien venir ici. Il se dégage une ambiance assez exceptionnelle.

— Ça doit être assez propice aux signatures de contrats.

— Bien vu. J'aime vraiment cet endroit.

— Oui, moi aussi, j'aime bien. Tu étais ici avec un client ?

— Oui, c'était mon dernier rendez-vous. J'allais repartir quand… je t'ai vue. Qu'est-ce que tu veux boire ?

— Oh ! Je ne sais pas… je vais te faire confiance, tu as l'air de bien connaître l'établissement. Allez !

Surprends-moi ! Je prends comme toi ! lançai-je en riant.

— OK, et pour les tapas ?

— Je te fais confiance.

— Nickel. Je vais commander.

— Merci beaucoup.

J'attendis quelques secondes afin d'être sûre qu'il ne soit plus dans les parages, et dégainai aussitôt mon miroir de poche et ma petite trousse à maquillage. Je me tournai légèrement et entrepris de rehausser un peu ce teint cireux par des touches de blush. Je rajustai mon rouge à lèvres et remis du crayon autour de mes yeux. Alors que je songeais à étaler du fard à paupières, je me ravisai. Je ne voulais pas qu'il pense que je m'étais refait une beauté pour lui. Pourtant, c'était bien le cas, constatai-je en souriant. Je rangeai alors mes affaires dans le sac et l'attendis en regardant le feu danser dans la cheminée. *Papa, maman, cet endroit est divin... et vous ne pourrez jamais le voir. C'est si injuste. Aujourd'hui, vous seriez fiers de moi, j'ai nettoyé toute la maison. Elle ne sent même plus le renfermé. Bon, c'est sûr que, comparé à toi, maman, mon ménage est approximatif, mais je te jure que c'est beaucoup mieux qu'avant... C'était – comment dire – nécessaire. Promis, maman, je vais prendre le temps de m'en occuper. Je vais d'abord la vider et je vais en faire quelque chose de moderne. Je vais la décorer à mon goût, j'espère que ça ne te dérange pas, maman ? Papa, je ne te demande pas ton point de vue à ce sujet, je sais que tu n'es pas branché déco. En revanche, si tu pouvais m'en dire un peu plus sur le Bill Gates qui me tourne autour, ce serait vraiment pas mal. Je… je crois que je lui plais bien. Mais, je ne sais pas trop comment réagir avec les hommes depuis que j'ai enfin réussi à mettre un terme à ma relation avec Samuel. J'ai tellement mis longtemps à me détacher de lui et à admettre que cette relation ne m'apportait rien de bon ; à comprendre que je m'enfonçais, me faisais du mal et me détruisais à petit feu… Alors maintenant, tu comprends, j'ai un peu peur. J'ai peur qu'il prenne mon cœur, le piétine et en fasse des miettes. Il faut que je reste légère et insouciante, papa. Pff ! Je suis folle ! Je suis encore en train de vous parler comme si vous étiez parmi nous ! Il faut vraiment que j'arrête de faire ça ! Je vais finir chez les zinzins !* Oh ! Et puis, après tout, pourquoi me poser toutes ces questions ?! Je devais profiter et me détendre. On ne faisait que discuter, comme des copains qui échangeaient tout près d'un feu qui crépite, songeai-je au moment où il arriva. Avec une décontraction déconcertante, il s'occupa de remettre une bûche dans la cheminée tout en relançant la conversation.

— Tu viens souvent à Aix ? me demanda-t-il.

— Non, c'est la troisième fois. Je ne connais pas beaucoup en fait.

— Ah ouais, tu passes en coup de vent.

— Voilà, c'est ça. Je pense que tu connais bien mieux que moi.

— Je connais Aix en mode « boulot », mais j'aimerais bien prendre le temps de faire un tour dans les environs.

— Cassis est sympa à ce qu'il paraît, ajoutai-je en déplorant ma méconnaissance et mon désintérêt des alentours.

— Tu pourrais peut-être demander à ta famille de te montrer. Tout le monde s'accorde à dire que c'est superbe.

Alors que, jusqu'à présent, j'avais réussi à contenir mes larmes à chaque fois qu'il s'approchait un peu trop près du sujet, je laissai échapper un peu de ma peine au coin de mes yeux. Aussitôt, je fis mon possible pour la contenir et inspirai à plusieurs reprises.

— Ça va ? demanda-t-il soudain.

Occupé à dompter les flammes, il n'avait heureusement pas vu mes larmes couler.

— Oui, oui, répondis-je au moment où il s'installa face à moi. C'est la fumée qui me pique un peu les yeux.

— T'es sûre ? Tu as l'air un peu...

— Tout va bien. C'est juste que je n'ai pas trop envie de parler de ma famille, osai-je enfin déclarer, peu séduite par la perspective de lui mentir.

— Bien sûr. Excuse-moi. Tu veux continuer à me parler du *Rouge et du Noir* ? plaisanta-t-il.

— Ah oui ! Où en étais-je déjà ?

— Je me souviens d'un certain Julien Sorel qui saute sur tout ce qui bouge.

— C'est tout ce dont tu te souviens ? Tu crois que mes élèves ne retiennent rien d'autre ?

— Rien du tout ! N'oublie pas que ce sont des lycéens.

— Pas faux ! En tout cas, tu t'es souvenu du nom du personnage, c'est bien, le complimentai-je.

— C'est parce que j'aimais bien t'entendre me raconter cette histoire.

En dépit du caractère séducteur de ses propos, je ne pus m'empêcher de me plonger dans la peau d'une vieille grand-mère racontant un tas d'histoires à un groupe d'enfants scotché à ses lèvres. La mamie de mes pensées se balançait sur un rocking-chair avec un impeccable chignon gris. Lorsque j'enseignais encore au lycée, cette image me poursuivait souvent. Cela faisait des années que je n'y avais plus songé. Tom s'aperçut que je m'étais pris les pieds dans mes rêves et m'invita à partager mes pensées.

— Tu es complètement folle, conclut-il au moment où le serveur arriva avec nos boissons.

Lorsqu'il déposa deux laits fraise sur la table, je regardai tour à tour Tom, puis le serveur, pour tenter de comprendre d'où provenait l'erreur.

— Non, je ne me suis pas trompé de commande, affirma finalement le serveur. Moi aussi, ça m'a surpris.

J'observai alors Tom avec des yeux remplis de points d'interrogation.

— Tu voulais la même chose que moi, non ? Tu m'as bien demandé quelque chose de surprenant ? me demanda-t-il en riant.

— Et après ça, c'est moi que tu traites de folle ? Ne jamais faire confiance à un inconnu ! Tout le monde sait ça pourtant ! Bien joué ! Pas mal ! Excusez-moi, on peut commander les tapas inscrites sur l'ardoise, c'est bien ça ? demandai-je au serveur.

— C'est ça, oui, répondit-il, blasé.

— Alors... Est-ce que vous pouvez mettre une tartine fromagère, une assiette de charcuterie et une sélection de vos meilleurs fromages.

— Super ! commenta Tom.

— Ça te convient ? lui demandai-je.

— Parfait !

— Super ! Alors, finalement, pouvez-vous modifier la commande et, à la place de la tartine, servir des olives avec un peu de chantilly, à la place de la charcuterie, mettre des radis avec de la confiture… Vous devez en avoir, non ? Vous servez les petits déjeuners le matin ?

— Euh… oui, répondit le serveur, l'air dépité.

— Parfait, donc vous avez de la confiture et… avec ça… non, c'est tout, ça ira.

— Vous êtes sûre ? demanda le serveur qui n'était pas au bout de ses peines, parce qu'on peut aussi vous faire une gaufre avec des cornichons, proposa-t-il en se moquant de nous.

— Parfait ! Excellent ! On en prendra une, répondit Tom en gardant son sérieux, sous le regard médusé et halluciné du serveur.

— Je vous apporte vraiment tout ça ?!

Nous répondîmes en chœur :

— Ah oui !

— Si ça peut vous faire plaisir, souffla-t-il avant de quitter les lieux.

— On a vraiment commandé tout ça ? demandai-je en constatant qu'à ses côtés, la vie était drôle et insouciante.

Le simple fait de boire un verre devenait le théâtre de nos excentricités. Sans m'en rendre compte, je répondais à ses blagues, ses traits d'humour, ses petites folies sur le même registre que lui... un peu comme si nous étions connectés. En sa présence, j'étais plus légère et plus drôle.

— Ouais, et je crois qu'on va se régaler, confirma-t-il.

— Non, mais je te rassure, t'es pas obligé de goûter mes tapas, le prévins-je en souriant.

— Ah si ! Je vais toutes les manger !

— Non, vraiment, tu vas avoir mal au cœur.

— T'inquiète. Tu ne bois pas ton lait fraise ?

— Je peux te faire un aveu ?! demandai-je sans attendre sa réponse. J'ai horreur de ça.

— Moi aussi ! répliqua-t-il en riant.

— Ça me fait de la peine de gaspiller.

— T'inquiète, on commandera un *doggy bag* et tu te feras un masque pour le visage.

— Chiche ?!

— Chiche !

— OK, à condition que toi aussi.

— Promis !

— Cool !

— Je vais commander une vraie bouteille de vin, ça te va ?

— Je crois qu'il faut bien ça pour faire passer le reste.

Lorsque le serveur revint avec une bouteille de champagne à la place du vin et les tapas les plus improbables de toute l'histoire des apéritifs, nos rires explosèrent.

— Tu te rends compte que c'est vraiment n'importe quoi ?

— Je me rends compte que c'est un super moment, me confia-t-il.

Alors que le serveur tentait de faire de la place sur la table pour y déposer la bouteille de champagne, les olives à la chantilly et les « radis dans leur jus de confiture » comme le serveur s'amusa à les appeler pompeusement, un autre employé suivit. Il tenait avec maladresse notre gaufre sur laquelle étaient insérées une dizaine de bougies. Les notes jazzy avaient laissé place à Stevie Wonder, qui ne cessait de souhaiter un joyeux anniversaire à qui voulait l'entendre. À la fois amusés par la situation et assez déroutés, les serveurs chantonnaient « joyeux anniversaire, Nina » de manière hésitante et arythmique. En guise d'explication, Tom me chuchota que je méritais le plus beau des gâteaux le jour de mon anniversaire et que c'était la raison pour laquelle il avait demandé un supplément de cornichons. Avec six mois et deux jours d'avance, c'était décidément le plus surprenant et le plus inoubliable de tous mes anniversaires. Probablement que ce fut également le plus inoubliable anniversaire de l'établissement, car les serveurs nous demandèrent l'autorisation de poser devant notre commande. Dociles, nous nous rapprochâmes de leur objectif et leur offrîmes notre plus beau sourire. De loin, j'entendis les rares clients du bar fredonner joyeux anniversaire et ce brouhaha déclencha une nouvelle salve de rires.

— Joyeux anniversaire, danseuse, commenta simplement Tom.

Ces quelques mots chassèrent mes rires pourtant bien installés. Ce soir-là, on fêtait effectivement quelque chose, une veille de réveillon décidément pas comme les autres, une rencontre inattendue, surprenante, enivrante, un moment rempli de magie et de fantaisie.

— Waouh ! C'est le plus beau gâteau d'anniversaire que je n'ai jamais eu !

— On n'a pas tous les jours vingt-cinq ans, ajouta-t-il en souriant.

— Tu vas m'aider, hein ? Je ne vais pas pouvoir manger ces mets exquis toute seule.

— Oui, répondit-il en me servant une coupe. Mais en attendant, fais un vœu avant de souffler tes bougies.

— Arrête ! C'est même pas mon anniversaire !

— Hep ! hep ! hep ! Vulgaire petit détail sans importance !

— OK, répondis-je en riant.

Je fermai les yeux très fort, me concentrai et formulai le souhait que mes parents reposent en paix. Quelques instants plus tard, j'ajoutai : « Faites que tout cela soit bien réel ! Faites que tout ça soit bien réel et ne s'arrête jamais ! »

— Tu peux souffler les bougies maintenant. Il me tarde de déguster ces trésors culinaires, ajouta-t-il ironiquement avec une moue qui exprimait le dégoût.

Pour honorer le mal que s'était donné le cuisinier, je goûtai une part telle qu'elle avait été préparée, puis ôtai les cornichons pour les suivantes.

Le champagne, la cheminée, nos rires, la présence de Tom ou peut-être la combinaison de tout cela réuni eut raison du froid qui s'était emparé de moi comme d'une seconde peau. Les coupes de champagne et les rires s'enchaînèrent avec une facilité déconcertante… et je réussis assez habilement à éluder le sujet qui me pesait tant. Alors que notre bouteille était vide et que nous ne souhaitions pas réitérer cette improbable expérience gustative, Tom héla le serveur. Arrivé à notre niveau, ce dernier nous devança.

— Attendez, laissez-moi deviner... Vous voulez peut-être du poulet au chocolat ? Ou des frites à la banane ? demanda-t-il à mi-chemin entre l'amusement et l'impatience.

— On aurait adoré goûter vos spécialités, bien qu'elles aient l'air un peu bizarres, mais on va y aller ! On va vous demander l'addition. Cette jeune fille a une fête d'anniversaire qui l'attend ! affirma Tom en se redressant et en me tendant ma veste.

- 6 -

Une fois dehors, je pus pleinement mesurer les effets du champagne. En effet, je continuais à rire alors que nous avions quitté le bar depuis un bon petit moment et je n'étais pas certaine de marcher droit. Le bras que Tom avait enroulé au-dessus de mes épaules sans que je m'en rende compte se révélait être une précieuse aide pour assurer mon équilibre.

Nous déambulions sans réelle destination lorsque nous fûmes interpellés par une voix d'homme qui semblait provenir du porche d'une boutique. Alors que Tom m'invitait à l'attendre, je n'en fis qu'à ma tête et le suivis. Je l'entendis ainsi demander à un homme installé à même le sol s'il voulait autre chose.

— Non, juste du vin, répondit faiblement le monsieur posé sur un morceau de carton.

— Je ne vais pas prendre que ça, je vais vous trouver quelque chose à manger. OK ?

Le vieil homme ne se donna pas la peine de répondre, peut-être ne lui restait-il plus de forces, et s'allongea, prêt à s'endormir.

— Ça ne te dérange pas si on passe deux minutes à l'alimentation ? Ce monsieur a besoin d'aide et il ne veut pas que j'appelle les secours. On va au moins aller lui prendre à manger et à boire, de l'eau surtout. Ce serait bien qu'il boive un peu d'eau.

— Bien sûr ! répondis-je, émue par son attitude altruiste et bienveillante.

— On dirait que tout le monde n'a pas autant de chance que nous, ajouta-t-il sans préciser s'il faisait référence à cette fabuleuse soirée ou à notre situation privilégiée.

Je ne pus m'empêcher de faire le lien avec cette maison que je possédais sans y vivre alors que des tas de personnes rêveraient de s'y installer. Je me rendis soudain compte que des gens, comme cet homme, étaient dans des situations bien pires que la mienne. Trop focalisée sur ma propre peine, je m'étais engluée dans mon petit monde autocentré que je ne cessais d'alimenter avec mes lamentations.

Avant de se diriger aux caisses, Tom rajouta aux denrées alimentaires un nécessaire de toilette. Quelques minutes plus tard, nous rejoignîmes l'homme esseulé avec nos deux sacs de course. À ce moment-là, deux sentiments contradictoires me parcoururent. Le premier était que j'étais vraiment fière d'être aux côtés de cet homme généreux et bienveillant et le second était constellé de légères craintes quant au moment que nous allions partager avec lui. La Parisienne matérialiste et privilégiée que j'étais espérait que ses odeurs corporelles n'allaient pas s'avérer trop incommodantes. Je craignais également ses potentiels microbes ainsi que la vision de ses dents probablement cariées et noircies. Je me trouvai tout à coup affreusement honteuse et vile. Tom, qui s'était auparavant assuré que je ne voyais aucun inconvénient à ce que nous passions un moment avec cet homme, s'était pour sa part déjà installé à ses côtés. Le monsieur, qui s'était entre-temps difficilement installé au niveau de la devanture du magasin, me dévisagea avec un regard peu engageant. Sensible à mon hésitation, Tom m'encouragea en m'offrant un sourire rempli de promesses. Je me sentis alors suffisamment en confiance pour le rejoindre. Cependant, je m'installai légèrement en retrait. Tom avait l'air assez à l'aise et je décidai de m'inspirer de son attitude.

— Ça ne vous dérange pas qu'on partage un petit moment avec vous, commença-t-il.

Face à l'absence de réponse de l'homme qui semblait perdu dans son monde intérieur, il commença à déballer les antipasti que nous avions achetés. Il ouvrit la barquette d'artichauts, puis celle de poivrons à l'huile et, enfin, celle de lasagnes. Il laissa de côté le reste des courses que nous avions faites. Il s'empara des gobelets et remplit trois grands verres d'eau.

— Tiens, Nina, annonça-t-il en me donnant un verre.

Alors que je le remerciai, il en tendit un autre au monsieur. Avant que ce dernier émette la moindre objection, il répondit simplement « après ».

— Je m'appelle Tom et c'est Nina, ajouta-t-il en me présentant.

— Tom-Tom et Nana, vous auriez pu trouver mieux ! railla-t-il.

Visiblement, ni lui ni moi n'avions pensé à ce jeu de mots, comme en attestaient nos rires exaltés.

— Vous n'aviez jamais fait gaffe ? demanda l'homme, hébété.

— C'est que... on vient de se rencontrer, avoua timidement Tom alors que j'étais toujours sur la réserve.

Je constatai avec tendresse que cet homme connaissait cette collection de livres pour enfants. Était-il lui-même papa ? S'agissait-il d'histoires qu'il racontait à ses enfants ? S'en souvenait-il de sa propre enfance ? D'où venait-il ? Quelle était son histoire ? Son parcours ? Toutes ces questions tourbillonnaient dans ma tête remplie de pensées inquiètes. *Puisse son chemin être le moins rude et le moins sinueux possible*, souhaitai-je de tout mon cœur.

— Mais non, tu ne vas pas lui faire ce coup-là ! pesta-t-il en buvant son verre d'eau d'un trait.

Il indiqua à Tom par un geste qu'il en souhaitait un second.

— C'est ton premier rencard, et toi, tu l'amènes squatter un SDF ?!

— C'est pas un rencard. Si, c'est un rencard ? me demanda-t-il en se tournant légèrement pour me faire face.

— Je ne sais pas, répondis-je en souriant. On décidera plus tard.

— T'as intérêt d'assurer, alors ! Tiens, sers-moi un peu de cette piquette que tu as ramenée !

ajouta-t-il en demandant s'il pouvait prendre des artichauts.

— Prenez tout ce que vous voulez. Et vous vous appelez comment ? lui demanda Tom en lui servant le verre de vin dont il rêvait.

— Emmanuel, répondit le monsieur, les yeux perdus dans le vague.

— C'est un beau prénom.

— Ouais, j'aime bien. J'aime bien parce que personne ne m'appelle comme ça... À l'époque, tout le monde m'appelait Manu... Aujourd'hui, on ne m'appelle plus beaucoup.

— Emmanuel, vous voulez un peu de poivrons ? lui proposa-t-il.

— Merci, c'est sympa, répondit Emmanuel en approchant l'assiette en carton que Tom avait déjà remplie d'artichauts quelques secondes auparavant.

Ils étaient déjà tous finis, le pauvre homme devait être affamé.

— Avec plaisir.

— Purée, c'est délicieux, vos trucs ! Ça se voit que c'est Noël ! Vous êtes le père Noël ? C'est une caméra cachée ou un truc dans le genre ?

— Non... On passait juste dans le coin et on vous a entendu nous interpeller... c'est tout, s'excusa-t-il presque.

— Tu devrais servir à boire à la petite, elle a l'air d'avoir froid. Elle est plus jeune que toi, non ? On dirait une gamine, ajouta-t-il avec une certaine forme de sympathie un peu bourrue.

— Ah ! Tu vois que tu fais plus jeune ! commenta Tom en me regardant avec malice. Ça doit être les cours de danse qui te donnent cette allure d'ado.

Tom me versa du vin dans un gobelet. Je songeai tout à coup que boire du vin aussi qualitatif dans des gobelets en carton relevait presque du péché. Malgré l'emballage cartonné, je sentis d'emblée les délicieux arômes se répandre dans ma bouche.

— Il est bon, ton vin, commenta alors Emmanuel en posant son verre presque vide.

— Content qu'il vous plaise. Ça va, vous n'avez pas trop froid ? s'inquiéta soudain Tom.

— Eh, petit, t'inquiète, je connais par cœur le 115 et toutes ces conneries. Je ne veux plus t'entendre me bassiner avec ça. Ils me connaissent bien ici, tu sais. J'ai pas envie d'être dans un de leur putain de centre pour Noël… Pour Noël, je préfère être chez moi et, chez moi, c'est ici… dans la rue. Ça va, j'ai l'habitude, tu sais… Raconte-moi plutôt où tu vas l'emmener après et comment vous vous êtes rencontrés. Je n'ai plus trop l'occasion de faire la cour, déclara-t-il tristement.

Ce vieux loup solitaire en manque d'amour me toucha énormément. Depuis combien de temps n'avait-il pas eu de rendez-vous ? En aurait-il un prochainement ? Aussi, j'eus soudain envie de lui raconter toutes les belles choses qu'il avait envie d'entendre. Alors qu'il se servait un autre verre de vin, je rajoutai des paillettes, des fleurs, des arcs-en-ciel et des feux d'artifice à la version de notre rencontre.

— Purée ! s'exclama-t-il en adressant une tape sur l'épaule de Tom. Et ce soir ? Tu as prévu de l'amener quelque part ? J'espère que tu as prévu de jolies choses pour la gamine !

— Ce soir, j'ai réservé des places pour un ballet de danse classique parce qu'elle adore ça, affirma-t-il en remplissant nos verres. C'est une danseuse professionnelle hors pair, alors je ne sais pas si les gringalets de l'opéra vont réussir à l'éblouir. Après ça, je l'inviterai chez moi, je lui ai préparé un petit dîner en amoureux. J'espère qu'elle aimera mon gratin dauphinois parce que je me suis donné beaucoup de mal.

— Oui, je suis sûr qu'elle le trouvera bon, affirma-t-il en se léchant les babines avant de se resservir des artichauts et des poivrons. Santé ! C'est vraiment bon, ces merdes !

— Je suis content que ça vous plaise !

— Faudrait vraiment être difficile. Merci. Merci à tous les deux pour ce petit moment, ajouta-t-il avec émotion. Vous ne devriez pas… vous devriez rester tous les deux. Eh, gamine, tu as entendu, il t'a préparé du gratin dauphinois ! Tu sais ce que ça veut dire ?!

— Non, répondis-je en souriant, même si j'avais déjà une petite idée de la chute.

— Ça veut dire que ce soir tu passes à la casserole ! affirma-t-il en se marrant. Sans rire, même si tu le trouves dégueu, son gratin, fais-lui croire que c'est bon. Nous, les hommes, on est comme ça, on a besoin d'encouragements. On a tout le temps besoin de compliments… sinon, on se démotive et on ne fait plus rien. On est cons, hein ?

— Promis, je lui dirai que c'est délicieux, répondis-je en trouvant cet homme extrêmement touchant.

— C'est bien.

— Ça fait longtemps que vous…, commença Tom.

— Non… non, non, le coupa Emmanuel. Dis-moi, tu vas pas faire la conversation pendant deux heures à une vieille branche comme moi alors que la gamine meurt d'envie de t'embrasser !

Elle est pendue à tes lèvres… Allez, oust ! Debout, tous les deux ! Vous avez mieux à faire !

— Vous êtes sûr ? Ça va aller ? demanda Tom en riant.

— Du balai, bande de p'tits veinards ! On se taillera le bout de gras un autre jour. Merci pour la piquette et la bouffe.

— Dans les sacs, vous trouverez de quoi boire et manger.

— Merci, mon vieux, répondit-il en tapant sur l'épaule de Tom.

— Avec plaisir. Au revoir, affirma ce dernier en le saluant.

— Adieu, gamine… Prends bien soin de toi !

— Merci, répondis-je, émue.

C'était le deuxième homme de la journée qui, sans me connaître, m'exhortait à prendre soin de moi. C'était d'autant plus touchant que personne n'était là pour prendre soin de lui.

— Au revoir, monsieur, ajoutai-je, attendrie par cet homme au cœur tendre.

— Emmanuel, corrigea-t-il.

— Au revoir, Emmanuel, rectifiai-je.

Je voulus également lui demander de prendre soin de lui, mais, au vu de sa situation particulière, je me retins. Je récupérai mon gobelet vide ainsi que celui de Tom et, pendant que je me relevais, j'aperçus Tom en train de déposer sa veste sur les épaules d'Emmanuel.

— Garde-la, tu vas te geler ! lui ordonna Emmanuel.

— Je crois que vous en avez plus besoin que moi... et c'est vraiment avec plaisir.

— T'as intérêt à le garder bien au chaud... et à bien le réchauffer, m'avertit-il, parce que des hommes comme ça, ça ne court pas les rues.

— Promis, répondis-je en le saluant de la main, le cœur lourd de le quitter sans savoir ce qu'il allait devenir.

Même si nous n'allions pas voir de ballet, je venais d'assister au plus beau des spectacles...

- 7 -

Alors que nous poursuivions nos déambulations dans le froid glacial, Tom me proposa de regagner les routes principales.

— C'est vraiment chouette ce que tu as fait pour ce monsieur, affirmai-je encore attendrie et touchée par cet homme.

Depuis que nous avions quitté Emmanuel, je n'avais pas cessé de penser à lui. Une foule de questions se bousculaient sur son ancienne vie et son futur rempli d'incertitudes et constellé de manques.

— C'est pas grand-chose, on n'est vraiment pas restés longtemps à ses côtés, mais peut-être qu'on lui a un peu changé les idées.

— J'en suis sûre.

— Dis, tu ne m'en veux pas ? Je n'ai pas vraiment prévu de t'emmener à l'opéra. T'es pas trop déçue ? Tu veux qu'on regarde s'il y a une représentation dans le coin ?

— Oh ! C'est gentil, mais ça va aller, j'en ai vu un sublime récemment.

— Cool. Et pareil pour le gratin dauphinois... Pas trop dégoûtée ?

— Non, je crois que je vais m'en remettre... En revanche, je ne sais pas si je vais pouvoir passer à la casserole !

— Vite ! Trouvons un resto ! N'importe lequel ! Allez, dépêche-toi, Nina ! J'ai une soudaine envie de gratin dauphinois. Marche plus vite, m'ordonna-t-il en tirant sur mon bras.

— Arrête ! lui dis-je en riant. Tu ne voudrais pas plutôt qu'on te trouve une veste avant que les derniers magasins ne ferment ? Tu vas attraper froid avec ce mistral qui ne s'arrête jamais de souffler. Je pensais que le Sud était mieux loti que la capitale, mais il semblerait qu'il s'agisse d'une légende.

— Je ne suis pas contre un nouveau manteau, confirma-t-il en se rapprochant de mon bras qu'il n'avait pas lâché. En revanche, je ne sais pas si on va trouver un magasin encore ouvert la veille de Noël à cette heure-là.

— On peut toujours essayer, répondis-je en lisant un peu plus de vingt heures sur ma montre. Tu ne peux pas rester comme ça.

— OK, concéda-t-il. Ça ne te dérange pas si je m'arrête deux minutes pour retirer, me prévint-il, j'ai laissé ce que j'avais dans ma veste à Emmanuel.

— Bien sûr, répondis-je, époustouflée par cet ultime geste rempli de bonté.

Quelques minutes plus tard, nous constations avec regret que tous les magasins de vêtements étaient clos. J'aperçus un homme en train de fermer sa boutique et lui demandai où nous pouvions trouver une veste pour homme. Il nous indiqua l'existence d'un *concept store*, ces nouveaux bars branchés qui servent à la fois à manger, vendent des œuvres d'art, de la déco ainsi que quelques vêtements. Arrivés dans le fameux *concept store*, nous fûmes saisis par la gamme résolument rock de vêtements proposée. Tom avait le choix entre un bombers orné d'une tête de mort cloutée et un caban à carreaux dans les tons rouille et beige sur lequel avait été balancée de la peinture blanche dégoulinante.

— Entre la peste et le choléra ? me demanda-t-il.

Je ne pus m'empêcher de rire, décidément mes abdominaux commençaient à se fatiguer, et lui donnai mon point de vue.

— Sans hésiter, le bombers. Tu pourras le remettre si un soir t'es invité à une soirée punk, grunge ou rock. Le caban est raté. De toute façon, je ne suis pas objective, je déteste les cabans !

— J'espère qu'ils n'auront plus ma taille, répondit-il en souriant.

— Ne dis pas ça, il gèle dehors.

— Je peux vous aider ? proposa une sublime jeune femme au crâne rasé, avec un goût prononcé pour les tatouages et les piercings.

J'intervins à la rescousse de celui qui, quelques minutes auparavant, portait un élégant manteau gris en laine.

— Ce sont vos seuls vestes ou manteaux pour homme ?

— Ouais, désolée. C'est vrai que ça ne va pas trop avec votre style, confirma-t-elle en regardant Tom de la tête aux pieds. Peut-être que si vous retournez le revers de votre jeans, ça passera mieux. Je peux ? demanda-t-elle.

— Allez-y.

Après avoir retroussé son pantalon des deux côtés, elle enfila le bombers à Tom. Alors que, de face, sa silhouette paraissait tout à fait standard et presque adaptée à son style, je ne pus retenir mon rire lorsqu'il se retourna avec sa tête de mort cloutée.

— C'est très joli, m'excusai-je aussitôt auprès de la vendeuse. C'est juste que c'est pas trop son style.

— Ça, c'est sûr, concéda-t-elle volontiers. Bon, ça me fend le cœur de vous vendre plein pot un article que vous n'aimez pas. Dans tous les cas, je comptais la brader à moins cinquante le vingt-six, c'est mon dernier modèle. Si vous voulez, je la passe à moitié prix dès ce soir, proposa-t-elle.

— On va la prendre, annonçai-je.

— Ah bon ? interrogea Tom l'air dubitatif.

— Si, si, on la prend. On ne trouvera rien d'autre de toute façon à cette heure-ci, tout est fermé.

— Je confirme, ajouta la vendeuse, pressée d'en finir.

— Bon, ben... allez, banco. Je vois que je n'ai pas trop le choix.

— Tu veux le pull assorti ? lui proposai-je en riant.

— Tu veux qu'on regarde au rayon fille ? contra-t-il.

— Ça va aller, je te remercie.

Une fois de plus, je ressentis le besoin de m'excuser auprès de la vendeuse. Elle me devança.

— C'est pas votre style, j'ai compris.

Je me sentis obligée d'ajouter que c'était très joli. Au moment de passer à la caisse, je me positionnai devant le lecteur de carte bleue et posai mes conditions.

— C'est moi qui te l'offre. C'est mon cadeau de Noël.

— Cette horreur ? répondit-il un peu trop spontanément, sans prendre le temps de mettre les formes devant la vendeuse.

— Je vais finir par me vexer, prévint-elle.

— Désolée, m'excusai-je aussitôt. Elle est très jolie, c'est juste que...

— Oui, je sais, c'est pas votre style, ajouta-t-elle en riant.

— Voilà. On va vite y aller avant que vous nous mettiez dehors, annonçai-je en désignant l'appareil à carte bleue.

Je dus affronter Tom qui, une fois de plus, voulut m'interdire de lui offrir mon cadeau de Noël.

— On ne refuse pas un cadeau, c'est malpoli, commenta la superbe vendeuse.

— Merci, chuchotai-je.

— Joyeux Noël !

— À vous aussi ! Bon réveillon !

Lorsque nous sortîmes du magasin, Tom glissa sa main dans la mienne et me remercia pour « ce plus moche cadeau de Noël jamais reçu ». Il semblait cependant touché par mon présent.

Pour ma part, j'étais davantage chamboulée par sa main qui caressait la mienne dans la poche de ma veste. Ses gestes tendres et délicats provoquèrent des fourmillements dans tout mon corps. Je sentis mon cœur battre très fort, ma poitrine se gonfler et se tendre. À ce moment très précis, j'avais profondément envie de connaître le goût de ses lèvres, de sa bouche et la sensation de ses mains qui se promènent partout sur moi. Alors que je rêvais d'intimité et de caresses, Tom leva sa main de la mienne pour me montrer un groupe d'adolescents en train de danser.

— Oh ! Regarde ! Tu devrais y aller ! C'est comme dans *Flash Dance* ! Ma sœur a regardé ce film une bonne centaine de fois quand on était gamins. Je me souviens que cette scène m'avait marqué !

— Ça va aller, merci ! En plus, je suis morte de froid.

— T'es pas sympa ! Ils pourraient gagner plein de fric si tu y allais. Allez, danseuse !

— Oh oui ! Au moins de quoi se payer un voyage au bout du monde ! Et toi, si tu y allais ? proposai-je, encore sous le charme du surnom enivrant qu'il m'attribuait.

Tom, j'ai envie de danser, mais pas dans la rue avec ces inconnus. Je veux esquisser mes plus beaux pas avec toi, contre toi, langoureusement... tous les deux dans le noir sur un slow étourdissant.

— Moi ? répondit-il, ahuri.

— Ben, oui, regarde, tu as la veste idéale. Je suis sûre que les jeunes vont kiffer ton look.

— Ah ! Ah ! Ne te moque pas de mon cadeau de Noël, j'y tiens beaucoup, ajouta-t-il dans un immense sourire qui souleva mon cœur et emporta avec lui l'ensemble de mon corps.

Une fois de plus, j'avais chaud, froid, je voulais être dans ses bras, nue contre lui.

— Bon alors, t'y vas ? Cap ? le défiai-je.

— Euh... je crois qu'on n'est plus à ce détail près. Bien sûr que je suis cap ! Prends-en de la graine, ajouta-t-il avant de rejoindre le groupe.

Hilare, je m'approchai des enfants prodiges qui ne cessaient d'enchaîner les coupoles, les breaks et les headspins. Tom, qui mesurait combien il allait se ridiculiser, me jeta des coups d'œil inquiets. En guise de réponse, je l'encourageai du mieux que je pouvais. *Vas-y, champion ! Montre-leur ce que tu sais faire ! Donne tout ! N'oublie pas, à fond comme dans* Flash Dance *! C'est toi le meilleur ! Dis-leur que t'es un des danseurs de M. Pokora !* Tout en pointant son pouce en l'air dans ma direction, il félicita les jeunes pour leurs prouesses. Sans cesser de les applaudir, il s'approcha ensuite de l'un d'eux et lui chuchota quelques mots à l'oreille. L'adolescent et Tom se tapèrent alors dans les mains, complices. J'imaginai qu'il avait prétexté un pari afin de pouvoir accéder à l'espace qu'ils allaient lui accorder. À la fin du dernier pas d'un des danseurs, l'adolescent auquel Tom avait parlé indiqua aux autres que c'était au tour du vieux beauf au blouson ridicule de tenter de se dépatouiller de la situation compromettante dans laquelle il s'était glissé. Ce n'est pas tout à fait ainsi qu'il présenta les choses, mais c'est de cette manière-là que je les imaginai. Ainsi, en un rien de temps, Tom se retrouva au milieu d'un cercle approximatif formé par les trois adolescents et moi-même. Pour se donner du courage, il commença à taper dans ses mains. Je ne pus m'empêcher de dégainer mon téléphone pour filmer l'improbable scène à laquelle j'allais assister. Joueurs, les jeunes l'encouragèrent. Boosté par un regain d'énergie, Tom se lança alors dans une très maladroite toupie qui titilla un peu trop son équilibre précaire. Peu déstabilisé par cet échec et les rires provenant du cercle que les adolescents et moi avions formé, il trouva la force et le courage de s'adonner à une tentative de rap improvisé. Lorsqu'il tenta l'arbre droit, j'éteignis la caméra de mon téléphone afin de l'applaudir et courus le féliciter. Je le rejoignis sur la scène improvisée et, pour saluer son audace et son talent, je me ruai dans ses bras. Alors que j'avais spontanément entrepris ce geste comme le font les grands sportifs pour se féliciter de la réussite d'un exploit, je pris soudainement la mesure de notre proximité. Aussi, je me décollai légèrement de son torse et accrochai son regard. Ses yeux ne me quittaient pas. Ils me fixaient avec intensité et gravité, probablement comme les miens qui n'arrivaient pas à se détacher de lui. C'est ainsi que, sous les huées des jeunes danseurs de hip-hop, nous échangeâmes notre premier baiser. Ce fut doux, tendre et magique. Lorsque les adolescents huèrent « Ba ba ba ! Comment ça va être chaud ce soir, les amoureux ! », nous nous résolûmes, à regret, à décoller nos visages.

Emmanuel avait probablement raison. Il se pourrait bien que, ce soir-là, je passe à la casserole.

- 8 -

Avant de quitter le groupe de jeunes, nous le saluâmes obséquieusement. Tom leva un chapeau imaginaire et, pour ma part, j'effectuai le salut que je demandais à mon groupe de classique intermédiaire. Portée par les encouragements des jeunes, je dressai ma jambe au-dessus de ma tête sous un tonnerre d'applaudissements. Notre moment de gloire fut cependant interrompu par la sonnerie du téléphone de Tom. Après avoir regardé l'émetteur, il s'excusa avant de répondre. Il fit quelques pas, échangea une poignée de mots de manière assez détendue et chaleureuse et raccrocha. Au terme de cette discussion, il revint vers moi.

— J'étais avec mon boss. Il m'a demandé un petit service. Je ne lui ai pas encore répondu, je voulais voir avec toi avant si ça ne te dérangeait pas parce que j'ai bien envie qu'on passe la soirée tous les deux.

— Je t'écoute, répondis-je, absolument charmée par toutes ses précautions.

— Il veut savoir si je peux aller récupérer des bouteilles de vin dans un domaine pas très loin d'ici et les lui monter demain matin dans le train. Apparemment, le propriétaire est un ami à lui. On peut passer quand on veut, enfin… pas trop tard, maintenant quoi, précisa-t-il en souriant et en dévoilant par la même occasion ses irrésistibles fossettes.

Comment pouvais-je lutter face à un tel charme ?

— Allez ! Si c'est pour le boulot, fonçons.

— T'es sûre ?

— Sûre, confirmai-je en pointant mon pouce en l'air devant mon visage.

— Bon, ben super, ma voiture de location n'est pas très loin d'ici.

— Tu te sens de conduire ? Enfin, je veux dire… T'as pas trop bu ? m'assurai-je.

— Apparemment, c'est vraiment pas loin… et je te rassure, j'ai eu tout le temps de dessaouler en dansant.

— Je n'en doute pas, tu as tout donné, confirmai-je.

— J'ai fait ça pour t'impressionner, tu sais.

— C'est réussi, confirmai-je en songeant que j'étais effectivement impressionnée par sa capacité à alterner situations rocambolesques, moments de grâce et actes de bravoure.

Le trajet qui nous conduisit au domaine viticole fut effectivement court. Il nous laissa tout juste le temps de nous mettre d'accord sur une chanson que nous avions tous deux envie d'écouter. Après avoir longé un immense champ de vignes, nous arrivâmes devant un gigantesque mas de pierre. Une quantité impressionnante de voitures était garée sur la partie du mas réservée à la location événementielle. Il nous fallut chercher un moment pour trouver l'entrée de la cave, à l'opposé.

— Bonsoir, lança Tom en pénétrant dans la cave à peine éclairée.

La seule réponse que nous entendîmes fut son propre écho. Nous avançâmes néanmoins dans cet endroit qui regorgeait de bouteilles sur les nombreuses étagères et les deux imposantes vitrines dorées.

— Il y a quelqu'un ? demanda à nouveau Tom.

— J'arrive, j'arrive, répondit une voix qui provenait de l'arrière-boutique. Vous devez être le petit protégé de François ?

— Enchanté, je suis Tom. Et voici Nina.

— Bonsoir, monsieur, répondis-je en lui tendant ma main.

Lorsque Tom nous présenta, je songeai avec douceur à Emmanuel qui nous avait surnommés « Tom-Tom et Nana » et je ressentis aussitôt une pointe de nostalgie.

— Bonsoir, bonsoir. Bon… j'ai tout préparé, il y a deux caisses. Ça va aller ?

— Oui, impeccable. On est en voiture.

— Mais demain, vous prenez le train ? C'est bien ça ?

— Oui, c'est ça.

— Dommage. Sinon je vous aurais chargé un peu plus… mais si vous êtes en train, c'est pas très pratique. Est-ce que je peux vous demander un service ? Tout le monde se réveille au dernier moment cette année ! Les commandes pleuvent et ils sont tous partis en vacances, je suis tout seul. Est-ce que je peux vous demander de m'aider à monter des bouteilles ? Un client de dernière minute doit venir les récupérer demain matin et je ne pense pas que je serai capable de faire les allers-retours tout seul.

— Pas de problème, répondit Tom sans hésiter.

— On va vous aider, confirmai-je.

— C'est lourd, vous savez. Attendez-nous là. Regardez, asseyez-vous là, suggéra-t-il en me désignant un fauteuil.

— Monsieur, avec tout le respect que je vous dois, je ne vais pas rester là à vous regarder vous fatiguer. Je veux vous aider, moi aussi. Je m'assiérai si c'est trop lourd.

— Eh ben ! Vous avez un sacré caractère. Vous êtes féministe, c'est ça ?

— Les temps ont changé, rappela Tom en haussant les épaules avec toute la douceur dont il était capable.

— Je ne sais pas si je suis féministe, répondis-je, mais je ne comprends pas pourquoi, à compétences égales, les femmes devraient moins gagner que les hommes. On veut les mêmes salaires que les hommes, alors on peut très bien porter quelques bouteilles de vin.

— Eh ben ! Vous ne devez pas vous ennuyer ! balança-t-il à Tom en souriant.

— Ça, c'est sûr, on ne s'ennuie jamais avec Nina. Elle est pleine de ressources, répondit-il en m'arrachant quelques soupirs et l'envie irrépressible de me jeter dans ses bras.

— À mon époque, on apprenait aux femmes à rester à leur place et à faire la vaisselle. Les femmes étaient moins... moins... impliquées dans la société, ajouta-t-il après avoir longuement cherché ses mots.

Je me pinçai la bouche pour m'empêcher de lui répondre. *Oui, bien sûr, c'est de l'humour*, s'en défendrait-il si nous creusions un peu... Mais combien de femmes ont-elles réellement été privées de mouvements et de parole et le sont-elles encore ? Je me retins également de lui dire : « Tout ça, mon brave monsieur, c'est mon père qui me l'a inculqué dès le plus jeune âge ! Vous devriez en prendre de la graine ! » Tom dut sentir ma gêne mal contenue, car il intervint aussitôt en ma faveur.

— Aujourd'hui, ce sont les femmes qui nous montrent le chemin et nous inspirent, ajouta-t-il en me regardant tendrement.

Je sentis battre mon cœur un peu plus fort et ma colère s'envola aussitôt. Le propriétaire nous regarda comme si nous étions des extra-terrestres, complètement dépassés par ces propos bien trop mièvres et stupides pour lui.

— Bon, on y va ? J'ai pas toute la nuit non plus, s'impatienta-t-il, agacé par cette parenthèse.

— C'est moi ou il n'est pas très sympa, le misogyne ? chuchotai-je dans l'oreille de Tom pendant que le caviste cherchait ses clés dans un grand buffet jaune oranger.

— C'est clair, il est un peu rustre ! confirma-t-il. Tu veux qu'on laisse tomber ? On peut lui dire qu'on est pressés, si tu veux.

— Tu rigoles ou quoi ?! Je ne vais pas rater l'occasion de lui montrer qu'une femme n'est pas une plante verte !

— T'as raison, montre-lui l'étendue de tes muscles, ajouta-t-il en posant une main sur mon menton.

Sans me quitter des yeux, il caressa mes lèvres qui luttèrent pour se retenir d'embrasser ses doigts.

— Oh ! Les amoureux, vous vous ferez des papouilles plus tard ! râla l'homme aux cheveux blancs. On a des bouteilles à porter !

Je ne pus m'empêcher de chuchoter en imitant le geste des soldats :

— Oui, chef !

— Allez ! Venez, ordonna le vieux monsieur qui ne m'avait pas entendue.

Nous le suivîmes dans sa gigantesque réserve de bouteilles et chargeâmes les caisses prévues à cet effet. L'œnologue passionné qu'il était ne manqua pas de nous expliquer avec engouement, clarté et précision les arômes et la composition de chaque bouteille, sans oublier de nous indiquer combien de temps il avait fallu pour les concevoir et dans quelles conditions particulières.

Après plusieurs longs et fastidieux allers-retours dans ses escaliers biscornus, je capitulai. Exténuée, je m'installai dans le fauteuil qu'il m'avait précédemment proposé en encaissant ses remarques désagréables. *Je vous l'avais bien dit, vous voyez que j'avais raison, bon, vous avez bien tenu quand même*... Je refoulai mon envie de lui répondre par égard à Tom, et partis en quête des toilettes. Ne souhaitant pas les déranger, je m'aventurai dans les couloirs de ce joli mas sans l'autorisation du propriétaire. Avant d'accéder aux sanitaires, j'ouvris la porte d'une chambre à la décoration vieillotte et guindée. Le linge de lit ressemblait à une tapisserie royale, les murs regorgeaient de cadres fleuris, les tables de chevet absolument symétriques contenaient des lampes recouvertes de dentelle et l'ensemble des nombreux bibelots semblait appartenir à une autre époque. Cet endroit ressemblait au boudoir d'une marquise coincée et dépressive. Il ne devait pas souvent s'y passer de folles soirées débridées, songeai-je en souriant. Je fus soudain traversée par l'idée de déposer à l'intérieur d'une des tables de chevet le préservatif qui n'avait pas quitté la pochette de mon sac à main depuis de longs mois, mais, une fois de plus, je pensai au supérieur de Tom et retins ce geste puéril. Au lieu de ça, j'inspectai les armoires en quête de trouvailles insolites. J'avais un petit moment devant moi, le papi n'était pas avare en explications. Tout près de vieux pulls en laine démodés se trouvait une superbe fourrure marron. N'y connaissant strictement rien dans ce domaine, je ne pus déceler si les poils étaient synthétiques ou s'il s'agissait de ceux d'un animal. Dans le doute, je l'enlevai de son cintre, et, le cœur battant, l'enfilai. Je m'observai devant la grande glace de la chambre en prenant des airs distingués, puis je décidai d'immortaliser le moment en me prenant en photo. Ça ferait un souvenir pour Tom ! Je balayai les textos compatissants de ma famille qui m'invitait une nouvelle fois à venir passer Noël avec eux, et enclenchai l'appareil photo. Je commençai à réaliser des poses sexy et suggestives, puis, n'entendant toujours aucun bruit de pas indiquant la présence imminente des deux hommes, j'osai m'étendre sur le lit pour risquer une pose un peu plus lascive et glamour. Terrorisée par le risque de me faire surprendre, je bondis du lit en gloussant. Je m'apprêtais à remettre le manteau dans l'armoire quand l'envie de prendre une ultime photo complètement folle et osée s'imposa à moi. J'étais animée par l'adrénaline, donc il ne me fallut qu'une poignée de secondes pour me dévêtir. Je dégrafai alors à la hâte mon soutien-gorge, recouvris le manteau juste au niveau du galbe de ma poitrine émoustillée et frigorifiée, me mordis sensuellement les lèvres à l'instar des mannequins qui posent pour les grandes marques de parfum, et appuyai sur le bouton de mon appareil. Puis je décidai d'en dévoiler un peu plus et ouvris davantage l'épais tissu qui recouvrait mon corps nu. Cette fois, je laissai apparaître la partie un peu plus colorée de mes seins, dressée, tendue, remplie de frousse et de désir. Toute chamboulée par cette petite folie, je tentai une dernière photo. Pour cela, j'ouvris entièrement le manteau et exposai complètement ma poitrine. Alors que je peinai à contenir la vague de désir qui m'envahit, j'immortalisai ce moment et enfilai mon pull à la hâte sans prendre le temps de remettre mon soutien-gorge. Angoissée par la perspective que Tom et le propriétaire me surprennent, je jetai ma lingerie au fond de mon sac, pendis à la hâte le manteau et refermai la penderie *in extremis*. En effet, le bruit de leurs pas et de leurs voix était déjà en train de parvenir à mes oreilles. Ouf ! m'exclamai-je, encore tourneboulée par cet épisode un peu fou. Sans plus attendre, je filai aux toilettes que je trouvai sans difficulté.

Une fois dans les sanitaires, toute la pression que j'avais accumulée pendant ce moment un peu dingue se relâcha. Je dus faire preuve d'une grande concentration pour me rhabiller convenablement, gênée par mes gloussements victorieux. Au moment où je récupérais mes dessous, je tombai sur un bouquin que m'avait offert ma meilleure amie. J'étais certaine que si je lui racontais cette histoire dans ses détails les plus fantasques et les plus insolites, elle serait fière de cet ultime geste de rébellion que je m'apprêtais à commettre. Ayant lu plusieurs fois le contenu de cet ouvrage considéré comme féministe, je décidai de laisser sur le lavabo ce merveilleux recueil de poésies sublimes, à la fois doux et délicat, cru et bouleversant.

J'aurais voulu écrire sur la première page :

En souvenir de la féministe qui a réussi à monter vos bouteilles de vin dans vos escaliers tordus et irréguliers.

Évidemment, je ne fis rien de tel, je ne voulais pas être à l'origine du moindre conflit avec le patron de Tom. En revanche, un exemplaire de *Lait et Miel* innocemment oublié dans cette petite pièce qui regorgeait de broderies ne pouvait faire de mal à personne…

- 9 -

Lorsque Tom et le propriétaire du domaine eurent enfin fini, ce dernier souhaita nous faire goûter ses meilleurs crus. Toutefois, ni Tom ni moi n'avions envie de passer le moindre moment supplémentaire en sa compagnie. Nous prétextâmes un rendez-vous et il nous offrit gentiment quelques bouteilles que nous chargeâmes dans la voiture de Tom, à côté de celles destinées à son patron. Alors que nous étions sur le chemin du retour, nous fûmes tous deux attirés par le grand nombre de voitures garées devant l'aile réservée aux événements. Le propriétaire du domaine nous avait confié se réjouir de la manne financière liée à ce mariage hivernal, tout en ajoutant qu'à son époque, on ne se mariait que l'été. *Les temps changent, papi !*

— Et si on passait une tête à cette petite fête ? proposa Tom.

— C'est exactement ce à quoi je pensais ! répondis-je, saisie par la convergence de nos idées. Tu crois que c'est risqué si on se fait repérer ?

— Au pire, on finit en prison.

— Non, sérieusement !

— Sérieusement, on dira qu'on s'est perdus. À mon avis, avec le monde qu'il y a, on passera peut-être inaperçus.

— Pas avec ton bombers « tête de mort ».

— Je vais le laisser dans la voiture. C'est dommage, je commençais à m'habituer.

— Je comprends, il te va comme un gant.

— C'est vraiment une seconde peau.

— J'ai bien choisi alors.

— Ouais, mais il y a un truc qui me chagrine…

— Dis-moi.

— Je n'ai pas de cadeau pour toi.

— T'inquiète, tu vas bien trouver quelque chose avant demain.

— Il ne nous reste plus beaucoup de temps, affirma-t-il en se penchant vers moi.

Cette phrase, lourde de sous-entendus, sonna comme une invitation à l'embrasser. Je n'eus pas le temps de m'approcher de lui qu'il était déjà en train de multiplier les baisers au creux de mon cou et de mon oreille. Dans l'habitacle de cette voiture à l'arrêt remplie de buée, je ne pus retenir mes soupirs. Je penchai la tête en lui laissant tout le loisir de découvrir le goût sucré de ma peau parfumée. Lorsque j'inclinai doucement ma tête vers lui, nos bouches se retrouvèrent, complices et exaltées. Sans interrompre nos baisers, je posai une main sur sa tête et caressai sa chevelure. Nos gestes étaient pressés et désordonnés, habités par la fureur du moment. Il introduisit délicatement une de ses mains sous mon pull et commença à la diriger au niveau de ma poitrine, puis il s'interrompit aussi net.

— J'en ai très, très envie, énonça-t-il doucement tout près de ma bouche, les yeux plantés dans les miens. Mais je veux pouvoir t'offrir un peu plus de confort que le siège de cette voiture.

— Je comprends, avouai-je à contrecœur.

— Au moins la première fois. Il pourra y en avoir plein d'autres dans des voitures de location, des taxis, des bateaux, des péniches, des scooters, des avions... où tu veux.

— Tu ne manques pas d'idées... et la nuit est courte.

— Ouais, j'ai plein d'idées qui se bousculent dans ma tête quand je te regarde. Tu veux toujours aller voir à quoi ressemble ce mariage ?

— On fait un petit tour et tu me montres un aperçu de tes idées juste après ? proposai-je en caressant sa joue.

— Arrête ça tout de suite, sinon je vais être incapable de sortir de cette voiture.

— OK, répondis-je de bon cœur. Dis, tu crois que nos habits ne vont pas trop dépareiller avec ceux des invités ?

— Tu rigoles ! Tu es parfaite dans ce jeans qui moule tes fesses à la perfection.

— Ce n'est pas spécialement ce à quoi je faisais référence, répondis-je en souriant.

— Ah oui, désolé... Mais t'inquiète, j'ai aussi maté ta jolie bouche en cœur, tes cheveux blonds... enfin dorés, tes grands yeux verts, ta bouche qui ressemble à une cerise... Je crois que j'ai déjà parlé de ta bouche, se reprit-il en parcourant mes lèvres avec son doigt.

— Alors, cette fois-ci, c'est moi qui vais te demander d'arrêter ça tout de suite, sinon on ne pourra jamais aller voir la robe de la mariée ni prendre un selfie avec elle ! D'ailleurs, en parlant de selfie, j'ai quelque chose à te montrer après le mariage.

— Quoi ? demanda-t-il en ajustant sa chemise.

— Tu verras ! C'est une surprise ! répondis-je en songeant à ma séance photo coquine dans la chambre de Marie-Antoinette. Pas besoin d'arranger ta chemise ! Tu es parfait avec ta chemise impeccablement rangée sous ton pull et tes mocassins pointus. Tu vas passer inaperçu à ce mariage... alors que, moi, je dépareille complètement !

— Ton pull te fait un superbe décolleté... et tes petits talons sont hyper sexy. Tu es parfaite, danseuse ! Tu es superbe. Je te garantis que si je n'étais pas en rendez-vous pro tout à l'heure, je ne me baladerais pas en chemise !

— Mouais, objectai-je, peu convaincue par ses arguments.

— Tu es sublime. Tu vas filer des complexes à la mariée, crois-moi.

— Ce qu'il ne faut pas attendre ! répondis-je, non sans être flattée. On y va ?

— C'est parti ! affirma-t-il en sortant de la voiture. Laisse ton sac à main, ça va faire louche, sinon. Tous les invités ont probablement rangé leurs affaires au vestiaire.

— Qu'est-ce qu'on fait ? On fait comme dans les films, on entre par les cuisines ? Ou mieux, on se déguise en serveurs ?! lui demandai-je en me dirigeant vers le grand mas.

— Je crois que t'as un peu trop regardé la télé ! On va déjà essayer de rentrer et voir à quoi ça ressemble. Surtout, il faut qu'on ait l'air naturel, me prévint-il.

— C'est dommage, on aurait pu investir les lieux en passant par la grille de ventilation ou par le sous-sol, comme dans un James Bond.

— Oui, c'est vrai ! On pourrait aussi débarquer en hélico ! Ça ferait un super effet !

— Trop classique ! C'est du vu, revu et corrigé ! Fais-moi confiance, j'ai l'habitude des spectacles.

— OK, on emprunte la grille de ventilation. T'as un peu de pain pour donner à bouffer aux rats ?

— Oh ! Arrête ! C'est horrible !

— Je ne suis pas horrible, juste réaliste !

— Bon... on y va ? lui demandai-je alors que nous nous trouvions devant l'imposante porte en bois ornée de décorations en fer forgée sur les extrémités.

— Honneur aux dames ou tu veux que je passe devant ?

— Évidemment que tu passes devant ! Je ne suis pas kamikaze !

Avant d'avancer, Tom prit ma main et m'embrassa en y mettant presque autant de fougue que lorsque nous étions dans la voiture. Au terme de ce baiser langoureux, il affirma :

— J'ai préféré prendre les devants... au cas où on finirait en prison !

— Arrête ! Tu me fais flipper !

— Mais non ! Viens ! affirma-t-il en pressant ma main.

Il ouvrit la porte et, cachée derrière son dos, je le suivis sans oser regarder où nous étions. Lorsqu'il s'en aperçut, il me chuchota :

— N'aie pas peur. Ouvre les yeux, c'est magnifique !

Je me décalai doucement et fus aussitôt subjuguée par la chaleur et la beauté des lieux. Aucun doute, cette décoration bohème chic ne pouvait aucunement être la création de l'occupante de la chambre bleue dans laquelle j'avais fait ma séance photo débridée. De grands vases transparents posés sur de gigantesques colonnes en pierre contenaient des mélanges de pivoines, d'orchidées, de lys et d'arums blancs et beiges qui éclaboussaient dans tous les coins du hall. Aussi, une délicieuse et délicate odeur champêtre se propageait dans cet espace rempli de poésie et de mystère. Enivrée par ces essences florales, je m'approchai d'un des bouquets, posai mon nez sur un des pétales duveteux et soyeux et plongeai instantanément dans une forêt à la faune et la flore luxuriante. Lorsque mes yeux se promenèrent un peu plus loin, ils admirèrent avec ravissement les centaines de bougies et de lanternes dorées et argentées qui diffusaient une douce et délicate lumière tamisée. En outre, des candélabres bronze trônaient de part et d'autre de ce décor scintillant et féerique, directement échappé d'un palais oriental. J'eus soudain la fabuleuse impression d'être projetée en plein cœur d'un pays lointain et exotique. Nous venions à peine d'ouvrir la porte et, déjà, le dépaysement était complet. Ce majestueux décor laissait présager une suite idyllique qu'il me tardait à présent de découvrir.

— Waouh ! m'exclamai-je malgré notre mission camouflage. C'est grandiose.

— Oui, c'est vrai que c'est beau. Viens, la salle a l'air de se trouver par ici. Prête ?

— Prête !

- 10 -

Peu sereine, je m'accrochai à la main de Tom en la serrant un peu trop fort.

— N'oublie pas qu'il faut qu'on ait l'air naturels !

— Oups ! répondis-je en le relâchant.

Alors que nous avancions vers la réception, nous entendîmes des applaudissements.

— C'est le moment idéal pour s'incruster, suggéra Tom. Ils assistent sûrement à un discours ou une animation, c'est parfait. On y va !

Terrorisée, je marchai sur la pointe des pieds à l'écoute des battements de mon cœur prêt à exploser. Tous les invités étaient rassemblés autour d'un des témoins qui expliquait comment il avait connu le marié. Son discours était ponctué de rires et d'applaudissements. Focalisée sur mon stress, je ne parvenais à écouter ses propos.

— Détends-toi. C'est l'occasion parfaite, tout le monde est de dos, personne ne nous voit ! Tu veux boire quelque chose ? ajouta-t-il en désignant le serveur qui se baladait avec des coupes de champagne.

— Je ne sais pas...

Face à mon hésitation, il prit les devants et saisit deux verres sur l'immense plateau.

— Tiens, tu peux te détendre maintenant ! Tout va bien, les gens autour de nous ont vraiment l'air sympas, tout le monde rigole et paraît détendu. On est le cadet de leurs soucis, ils sont là pour faire la fête et s'amuser ! Détends-toi, danseuse, affirma-t-il en me tendant un verre.

Entendre le délicieux surnom qu'il m'avait attribué eut aussitôt un effet magique et euphorisant. Mon pouls ralentit, le nœud logé au fond de mon ventre se détendit et je me trouvai soudain ridicule de m'inquiéter autant alors que, quelques minutes auparavant, je paradais à moitié nue dans la chambre du propriétaire. Je portai la coupe de champagne à mes lèvres et en vidai la moitié d'un trait, à présent résolue à relâcher la pression et à profiter. Moins stressée qu'à mon arrivée, je m'autorisai un rapide coup d'œil et constatai que la décoration était encore plus grandiose que dans le hall d'accueil ! Les immenses tables rondes étaient recouvertes d'immaculées nappes blanches et de magnifiques bouquets de fleurs trônaient au centre de chacune d'entre elles. Nonchalamment posés sur une commode en bois vieilli se pavanaient d'immenses miroirs tachetés. Au plafond, de gigantesques lustres en cristal tombaient du ciel comme par enchantement. La magie ne s'arrêtait pas là… Chaque chaise était vêtue d'un épais tissu beige qui se terminait en parfait nœud drapé en forme de cœur, des photos sépia des mariés insouciants et irradiants de bonheur saupoudraient la pièce de leur amour, des dragées blanches et rose poudré traçaient de parfaites arabesques autour de chaque verre… Interpellée par ce qui semblait s'apparenter à la fin du discours du témoin, je n'eus pas le temps de disséquer le reste des lieux.

— Bref, tout le monde se souvient du jour où il a rencontré Caroline et Mickaël, et on ne compte plus les bons souvenirs qu'on compile avec eux, affirma le témoin aux Converses bleues dont les yeux pétillaient un peu trop pour être sobres.

— Non, on ne les compte plus, chuchotai-je dans l'oreille de Tom.

— Puisqu'on a tous une bonne raison d'être là, allons leur montrer comment on se déchaîne sur la piste de danse. Je compte sur vous pour mettre le feu ! ajouta-t-il en criant.

— Nina, puisqu'on a tous les deux une bonne raison d'être là, paraphrasa Tom dans mes oreilles, on va leur montrer ce qu'on sait faire !

Et il me tira vers la piste de danse. Le son de David Guetta résonna dans toute la salle et la majorité des invités courut se trémousser près du DJ.

— Est-ce que vous êtes là ce soir ? cria-t-il derrière son micro.

— Oui ! répondit l'assemblée.

Arrivés à destination, nous finîmes d'un trait nos verres devenus trop encombrants pour danser. Les bras en l'air, nous sautions de plus en plus haut, encouragés par les cris des invités déchaînés. *I gotta feeling !* Nos paroles et nos gestes étaient certes approximatifs, mais peu importait. Nos mains, nos yeux et nos rires ne se quittaient pas et se laissaient caresser par le vent de liberté et d'insouciance qui soufflait. Emportée par cette tornade festive, j'en oubliai le caractère intrusif de notre présence, ma gêne, mon rituel de Noël, mes parents… mon prénom. *That tonight's gonna be a good night, That tonight's gonna be a good night !* Nous mugîmes en usant nos cordes vocales. *Oh oui, c'est certain ! Ils vont passer une bonne soirée,* confirmèrent nos bonnes étoiles plutôt sereines. Accompagnées de nos rêves et de nos espoirs, elles tournoyaient ensemble au-dessus de nos têtes, exaltées et insatiables. Le tourbillon dans lequel nous étions pris revêtait cette pointe d'ivresse et de folie propre aux moments un peu dingues de l'existence... Je savais bien que la vie ne tournerait pas indéfiniment. Dans quelques heures, Tom prendrait son train et je fêterais Noël devant une série inintéressante, du vin bon marché et des chocolats écœurants. Aussi, je décidai d'en profiter au maximum, quitte à avoir le tournis et la vision trouble. Tom dut le sentir, car, soudain, nos pieds quittèrent le sol et virevoltèrent dans les airs un peu au ralenti... un peu comme dans les films. En tout cas, c'est ce que je ressentis, une pirouette qui n'en finissait plus de tourner, douce et légère comme une caresse. Nous regagnâmes seulement le sol au moment où nous entendîmes *mazel tov*, heureux de recevoir ces félicitations méritées pour ce ballet aérien.

— Tu vois, Tom, pas besoin d'aller à l'opéra ! lui glissai-je au creux de l'oreille au moment où j'atterris dans ses bras envoûtants.

Encore portés par la musique, nous gesticulions toujours. Cependant, nos mouvements étaient moins fréquents et moins amples. Blottis l'un contre l'autre, nos sauts perdirent en intensité, diminuèrent, puis s'interrompirent. Alors que la musique survoltée ne cessait de jouer ses notes endiablées, nous nous enlaçâmes langoureusement sur un slow improvisé. Lorsque Tom resserra son étreinte et couvrit mon cou de baisers, je jubilai. Les notes pouvaient s'emballer autant qu'elles voulaient, elles glissaient sur le cocon qui nous abritait. Les cris des invités nous parvenaient comme lointains et déformés. Ils avaient du mal à percer à travers le voile de coton et de tendresse qui nous enveloppait. Malgré les applaudissements, les bousculades, une caméra posée sur nous, les assignations à danser provenant de part et d'autre de la salle, les danseurs en transe et la foule, nous étions imperturbables. Je redoutais l'instant où la musique s'arrêterait, interrompant ainsi ce moment de grâce. Quelques instants auparavant, lorsque le témoin du marié lisait son discours, j'avais aperçu le bal des serveurs qui débarrassaient les entrées. Dans pas longtemps, les plats principaux allaient être dressés et nous risquerions d'être démasqués. Aussi, je préférais me terrer au fond de ma bulle et profiter encore un peu de ce moment hors du temps. Je me rapprochai alors un peu plus de lui et respirai son odeur avec l'inébranlable envie de découvrir la chaleur de son corps. Sa main qui se promenait dans mon dos me rappelait combien il était délicieux de se sentir aimée et choyée. À la fin de la chanson, je chuchotai au creux de son oreille.

— Tu es vraiment un danseur de flamenco hors pair.

— Et encore, tu ne m'as pas vu exprimer mes talents sur un paso doble.

— Non, mais j'ai hâte de voir ça.

Sans période de latence, le DJ enchaîna avec Pharrell Williams, qui nous rappelait combien il était bon d'être heureux. Manifestement, nous l'étions. À nouveau portés par la musique entraînante, nous dansions sur cette chanson et les suivantes jusqu'à perdre notre souffle. Au moment où l'énergie commença à faire défaut, une des témoins de la mariée proposa une animation. Elle installa les nouveaux époux sur deux majestueuses chaises et présenta son programme sous les applaudissements des invités. Le roi et la reine de la fête étaient conviés à jouer « Aux Z'amours ».

— Alors on va commencer par une première question plutôt facile… mais on ne sait jamais, vous pouvez peut-être vous tromper ! N'oubliez pas que tous les points comptent et que si vous hésitez plus de dix secondes, c'est perdu !

— On joue ? me demanda Tom au creux de l'oreille.

Rassérénée que cette animation focalise l'attention des invités sur autre chose que notre présence, j'aurais pu dire oui à un saut en parachute.

— Allez ! On va faire exploser le score, ironisai-je.

— Alors, reprit le témoin, je vous préviens, je ne suis pas aussi sympa que Tex, affirma-t-elle en distribuant deux grandes ardoises aux mariés pour qu'ils y annotent leurs réponses. Attention, première question. J'ai un peu modifié les règles. Vous allez répondre tous les deux et on comparera vos réponses tout de suite après. Quel type de crise seriez-vous aux yeux de votre partenaire ?

* Une crise de jalousie ?

* Une crise de rire ?

* Une crise de foie ?

Pendant que les mariés griffonnaient leur réponse, je me vantai.

— Sans hésiter, une crise de rire ! optai-je sans le moindre doute.

— Moi aussi, j'ai répondu ça ! On est trop forts !

— Heureusement que t'as pas dit « crise de foie ».

— J'aurais pu avec les olives à la chantilly, les radis à la confiture et la gaufre aux cornichons !

— C'est clair ! Un vrai festin de femme enceinte, commentai-je en riant.

Peu intéressée par les réponses des mariés, j'attendis avec impatience la deuxième question.

— C'est bien, vous avez tous les deux marqué un point. Maintenant, un peu plus dur, prévint la jeune femme. Attention, vous avez droit à une seule réponse. Pour vous, des vacances de rêve, c'est :

* Un séjour passé à faire bronzette sur une plage paradisiaque.

* Un voyage à la rencontre des populations du monde, mais aussi de la richesse de leur culture.

* L'occasion de se surpasser dans le cadre d'un long parcours sportif.

Après un petit moment de réflexion, je statuai.

— C'est bon, j'ai ma réponse.

— Moi aussi, m'informa-t-il.

— Devine.

— OK.

Il hésita à peine et sélectionna la seconde proposition.

— Bingo ! Comment tu sais ?

— Ben depuis le temps qu'on se connaît !

— C'est vrai qu'en quinze ans de vie commune, tu as eu tout le loisir de me connaître par cœur ! Enfin... c'est quand même un mélange de la une et la deux ! Sur une semaine de vacances, je ne suis pas contre un ou deux jours passés à faire bronzette.

— Évidemment ! Je le savais !

— En ce qui te concerne, je dirais la deux aussi !

— Et non ! Perdu ! Enfin si, j'adore rencontrer les habitants des pays que je visite, mais, pour le coup, en ce moment, j'ai vraiment envie de vacances sportives. Je me ferais bien un trek dans l'Himalaya ou quelque chose dans ce genre-là. J'en ai vraiment, vraiment, envie.

— Ne t'inquiète pas, on s'organisera ça pour notre premier anniversaire de mariage ! commentai-je en riant.

— Super idée !

— Au fait, poursuivis-je, on ne peut pas vraiment dire que j'ai perdu parce que si tu regardes bien, ta réponse est un mélange de la deux et la trois.

— Bon, OK, je te l'accorde. C'est limite, mais ça passe.

— Attention, nouvelle question, enchaîna le témoin alors que nous étions complètement déconnectés des réponses des mariés. Soyez bien attentifs, c'est parti ! Madame a un sens de l'orientation sacrément aiguisé… Oui, mais dans quel contexte ?

* En voiture : tel un chat, elle retombe toujours sur ses pattes.

* Sous la couette : inutile de faire un remake du Petit Poucet, elle connaît parfaitement tous les chemins du plaisir.

* Au magasin : quel que soit le...

— La deux ! La deux ! s'exclama Tom dans mon oreille sans attendre la fin de la dernière proposition. C'est la deux, j'en suis sûr ! La deux, c'est une évidence, ajouta-t-il. C'est la seule réponse intéressante.

— T'es bête ! répondis-je en riant.

Sans nous intéresser au score des mariés, nous nous préparâmes pour la quatrième question.

— Dernière question avant la finale ! annonça l'animatrice. Allez, Mika, c'est le moment de te réveiller ! Je me lance. Vous rêvez qu'elle vous fasse un strip-tease. Comment le prend-elle ?

* Pas très bien, elle a autre chose à faire.

* Enthousiaste, elle s'exécute sur-le-champ.

* Maladroite : elle vous demande cependant le mode d'emploi.

— La deuxième ! La deuxième ! Elle est chiante avec ses questions évidentes ! répondit-il en mimant l'agacement.

— Ah ouais ! Alors comme ça, « je m'exécute sur-le-champ » ? repris-je, l'air faussement agacé.

— Ouais, c'est clair, c'est très mal formulé. Le mot « exécute » fait un peu robot. Ça manque de charme, de rondeur, de sensualité, compléta-t-il avec un sourire rempli de malice et de désir.

— Oui, ça manque aussi de libre arbitre. On ne fait pas des strip-teases parce que vous le demandez, mais parce qu'on a en envie !

— Eh oh ! Ne fais pas trop la rebelle sinon je te ramène chez ton copain à côté ! Je suis sûr qu'il serait ravi que tu l'aides à porter quelques caisses de vin !

— Oh ! Je l'avais oublié, celui-là ! Il faudrait que je te raconte un truc d'ailleurs à ce sujet !

— Quoi ? Tu lui as fait un strip-tease ?

— Presque ! commentai-je en riant.

— J'ai tout de suite senti la connexion entre vous...

— Une alchimie incroyable...

— Et donc, tu as dansé nue pour lui, ajouta-t-il faussement absorbé par cette pensée coquine.

— C'est dingue, la représentation que vous avez des danseuses ! Parce qu'on sait un peu bouger notre corps, on est forcément à l'aise avec notre sexualité !

— En même temps, c'est logique ! commenta-t-il en riant. Non, plus sérieusement, je t'ai trouvé très attirante avant même que je connaisse ton métier.

— Mouais, répondis-je avec une moue dubitative.

— Fais-moi voir ton visage quand tu boudes, me demanda-t-il en souriant.

— Pourquoi ? Qu'est-ce qu'il a mon visage quand je boude ?

— Rien, on dirait un koala. Un koala boudeur, tu sais.

— Ah non, je ne sais pas. Visiblement, il n'y a que toi qui connaisses les koalas boudeurs. Tu veux qu'on demande aux gens dans la salle ?

— Tu ferais moins la maligne si on demandait aux invités, ou mieux, aux mariés !

— Non... Tu n'oserais pas !

— Ah si, si ! Tu veux voir ?

— Non, c'est bon, ça ira.

— T'es sûre ! Parce que tu n'as qu'un mot à dire et...

Stressée par son petit jeu, je trouvai de quoi le faire taire.

— OK. Le mot que je choisis... enfin les mots que je choisis sont : strip-tease, toi, moi... et parce que j'en ai envie !

— Partons de suite d'ici !

— Oui, on ne va pas tarder, confirmai-je en caressant sa main.

— Viens, on part. J'ai très envie de me retrouver seul avec toi.

— Moi aussi, répondis-je, troublée et pressée de partager ce moment.

Je ressentis instantanément une pointe de chaleur au creux de mon ventre qui se diffusa rapidement dans tout mon corps. Soudain, j'eus chaud, très chaud. On…

— On ne peut pas partir au milieu du jeu, on va se faire repérer, ajoutai-je sagement.

— Hashtag koala boudeur, affirma-t-il en fronçant les sourcils.

— Ça te va bien, on dirait un vrai gars de la finance quand tu fais cette tête de méchant.

— Ah ! Tu vois ! Toi aussi, t'as plein de préjugés sur mon métier !

— C'est vrai.

— On n'est pas tous des requins, tu sais.

— C'est vrai, ça ? Si ça se trouve, tu fais le gentil devant moi et en réalité, t'es pas un homme fréquentable !

— Eh non ! Je ne suis pas du tout fréquentable ! Je cache des tas de trucs glauques dans ma cave !

— Chut ! Ça reprend, les mariés ont fini de raconter leur anecdote.

— Bon, maintenant c'est la finale. C'est le moment ou jamais de prendre la tête, Mika. Alors je vais vous poser une série de questions et on va voir si vous répondez la même chose. Alors, premièrement, quand et comment vous êtes-vous rencontrés ?

— Pff ! Trop facile. Ce matin, dans le train.

— Ouais, moi aussi, j'ai eu le point, danseuse, me susurra-t-il au creux de mon oreille.

Bon sang, vais-je ressentir des frissons à chaque fois qu'il me donne ce surnom ? Alors que les mariés racontaient le récit de leur rencontre au ski autour d'une raclette, Tom m'enlaça un peu plus fort.

— Bon, je vous avais prévenus, c'était facile, reprit le témoin. Deuxième question, maintenant. Vous allez voir, c'est un peu plus dur. Connaissez-vous son heure de naissance ?

— Midi douze, répondis-je. Et toi ?

— Trois heures du matin !

— Quel mois ?

— Mai. Et toi ? C'est bien aujourd'hui ton anniversaire ?

— Ben oui, on a soufflé mes bougies tout à l'heure ! Sinon, j'ai une autre date en tête : le vingt-cinq juin !

— Connaissez-vous l'âge auquel votre partenaire a quitté le cocon familial ?

— Vingt et un, répondit-il, pour faire mon école de commerce à Lille.

— Vingt-trois, quand j'ai obtenu mon premier poste dans un collège.

— Ah ! Tu étais prof dans les collèges avant de donner des cours particuliers ?

— Oui ! Concrètement, je suis toujours employée de l'Éducation nationale ! Je suis en disponibilité.

— Cool !

— Oui, j'ai eu envie d'un peu plus de liberté, un peu comme ce que tu ressens maintenant. Et puis, j'ai surtout eu envie d'exercer pleinement ma passion pour la danse.

— C'est vraiment super, commenta-t-il, admiratif.

Comme il était titillé par ses doutes quant à sa situation professionnelle, mes propos résonnaient en lui.

— Nouvelle question, enchaîna la présentatrice.

Nous nous raccrochâmes alors au jeu, toujours aussi peu intéressés par les réponses des mariés.

— Quel surnom vous donnait-on lorsque vous étiez enfants ? demanda-t-elle aux mariés amusés.

— Minette, répondis-je en songeant tristement à mes parents.

Mon père m'appelait tout le temps ainsi en me caressant la joue, me rappelai-je avec émotion. *C'était si bon*, songeai-je, le cœur serré.

— Et toi ? enchaînai-je pour dissiper ma gêne.

— El diablo !

— Comment ?! demandai-je, pas tout à fait certaine d'avoir bien entendu.

— El diablo ! C'est ma sœur qui m'avait trouvé ce surnom… et… c'est un peu resté dans la famille !

— Trop marrant.

— Apparemment, je n'étais pas le plus sage des gamins.

— C'est bien ce que je disais… pas fiable !

— Tu vas voir si je ne suis pas fiable ! affirma-t-il en me chatouillant les côtes.

— Ne me fais pas rire, affirmai-je, hilare, on va se faire remarquer.

— Nouvelle question, reprit le témoin. Quelle est votre plus grande phobie ?

— Les souris ! répondis-je sans détour. Et la fin du monde, le réchauffement climatique, la montée des eaux, la pollution, tout ça… quand je lis trop d'articles à ce sujet, ça me fait complètement flipper. Et toi ?

— Moi, j'ai peur du cancer et des maladies en général, ça m'angoisse un peu. Et aussi, j'ai peur de la prison. Je ne supporterai pas l'enfermement et les douches, ajouta-t-il en souriant.

— T'es hypocondriaque ? lui demandai-je aussitôt.

Avant qu'il ne réponde, j'ajoutai :

— Gangster ? Tueur en série ?

— Et toi, t'es collapsologue ?

— Ah ! Ah ! Écoute plutôt la nouvelle question.

— Quel est votre chanteur préféré ? demanda-t-elle aux mariés, après avoir à nouveau réclamé moins de bruit.

— C'est dur ! Un seul ! râlai-je. Tu dirais qui, toi ?

— Peut-être Oasis, U2 ou Coldplay, je ne sais pas. Imagine Dragons…

— Bon, ben, t'as perdu, ça fait quatre… et ce sont tous des groupes !

— Et toi ?

— J'aime bien la chanteuse Rose, Tim Dup, The Weeknd, les…

— Perdu ! Plus d'un, toi aussi. Plutôt variétés françaises, alors, nota-t-il.

— Votre film culte ? enchaîna le témoin sans que nous n'ayons le temps de poursuivre notre discussion.

— *Orange mécanique* ! Un vrai choc cinématographique quand j'étais gamin.

— Il a vieilli ! Moi, c'est plutôt *Pulp Fiction*, dévoilai-je.

— Est-ce que le déhanché de Travolta y est pour quelque chose ?

— Peut-être bien ! Dans ce cas-là, ajoute *La fièvre du samedi soir* et *Dirty dancing* !

— L'acteur que vous idolâtrez ? demanda l'infatigable témoin avec un grand sourire.

— Vanessa Paradis pour sa voix et son jeu et, chez les hommes, j'aime bien Bradley Cooper, affirmai-je.

— Al Pacino et Natalie Portman.

— Ça se comprend, un acteur qui joue dans les films mafieux pour un voyou comme toi, c'est logique, en même temps, ça ne doit pas être de tout repos, avec ta phobie des prisons. Et concernant Natalie Portman, c'est vraiment une femme sublime ! Très bon choix. C'est aussi une très bonne danseuse, j'aurais pu répondre comme toi.

— Maintenant, le pays que vous rêvez de découvrir, continua la présentatrice avec toujours autant de verve et d'entrain.

— Cuba, répondis-je du tac au tac.

— Ça me va, chuchota-t-il dans mon oreille. Le Mexique pour moi, m'informa-t-il.

— J'aimerais beaucoup aller au Mexique aussi !

— Fais tes valises, chérie ! On part ce soir ! lança-t-il avec humour.

— N'oublie pas que là-bas, tu es recherché par plusieurs gangs pour toute la cocaïne que tu leur as volée ! Et tu risques le cachot. Est-ce qu'il est utile de te rappeler que leurs conditions de détention sont beaucoup plus sévères qu'ici ?

— Arrête ! Tu me files les jetons. Pour la drogue, aucune crainte de se faire choper, j'ai déjà tout écoulé.

— C'est d'ailleurs pour ça que tu as peur d'aller en prison.

— Et enfin... la dernière question ! avertit la présentatrice.

— Ah oui ! Il était temps ! Ça fait presque vingt minutes qu'elle nous bassine avec son jeu !

— Oh ! C'est sympa, ça nous permet de faire connaissance ! tempérai-je.

— Je connais plein d'autres manières de faire connaissance, insinua-t-il en resserrant ses mains autour de ma taille.

— Le truc un peu dingue que vous aimeriez faire ? lança-t-elle avec un regard chargé de mystère.

Après réflexion, je me lançai.

— Partir en Inde et m'occuper d'enfants dans un orphelinat.

— Waouh !

— Attention, je dis pas que j'aurais le courage de le faire. Mais oui, j'aimerais bien. Et toi ?

— Alors, moi, j'aimerais traverser la Manche en voilier, faire le tour du monde avec un sac à dos et, comme toi, venir en aide à des personnes dans le besoin.

— Noble programme, constatai-je avec une certaine forme d'admiration. Le ferons-nous un jour ? questionnai-je en haussant les épaules.

— J'espère, répondit-il, perdu dans ses pensées.

— Ah oui, j'ai failli oublier la dernière question ! s'excusa la présentatrice.

— Oh ! C'est pas possible ! Quelqu'un peut-il l'arrêter ?!

— Certainement pas nous ! répondis-je, toujours aussi peu à l'aise avec l'idée de nous faire remarquer. Arrête de te moquer d'elle, c'est pas cool !

— Bon, alors voici l'ultime question. La dernière, mais pas des moindres. Quel est le nombre d'enfants que vous souhaiteriez avoir ? demanda la présentatrice, elle-même soulagée d'en finir.

Je regardai Tom, l'air gêné, peu encline à répondre la première. Il me demanda alors, avec toute la réserve dont il était capable, si je souhaitais avoir des enfants.

— Oui, j'aimerais bien, au moins un. Je ne veux pas forcément une grande famille. Et toi ? lui demandai-je avec une certaine retenue, gênée de poser une question aussi intime.

— Moi aussi, j'aimerais bien en avoir un jour, répondit-il tout doucement.

Alors qu'un silence embarrassant s'immisça entre nous, le DJ reprit du service et indiqua aux invités qu'il était grand temps de regagner sa place.

— C'est le moment où on est censés partir sans se faire griller ! Il va falloir être stratège, on a une toute petite fenêtre de tir, m'annonça-t-il au creux de l'oreille.

— C'est bon, l'hélico nous attend sur le toit ? blaguai-je pour tenter de dissiper mes craintes.

— Oui, il est là. Tu as ton masque de *La casa de papel* ?

— Oui, nickel, on est prêts ! Bon, alors, comme je suis vraiment super courageuse, je vais te laisser passer en premier et te suivre. On va tracer tout droit jusqu'à la porte. Ça te va ?

— Impeccable.

Alors que nous nous dirigions tête baissée vers la sortie, je sentis une présence sur mon épaule. Mon cœur s'accéléra, je broyai la main de Tom et me retournai tout doucement. Il me fallut plusieurs secondes pour m'apercevoir que la mariée se trouvait face à moi, visiblement étonnée de notre présence à son mariage. Il me fallut un temps supplémentaire pour intégrer ses propos.

— Désolée de vous demander ça, mais… je ne vous remets pas. Pouvez-vous m'éclairer ?

- 11 -

Je bafouillai quelques mots inintelligibles, multipliai les sourires niais, les raclements de gorges embarrassants et assurai finalement l'apparition de quelques syllabes appartenant au registre de la langue française.

— C'est-à-dire que c'est... c'est...

Face à mon désœuvrement, Tom vola à mon secours.

— En fait, nous sommes un couple d'amis d'un des serveurs, on est venus prêter main-forte parce qu'ils galéraient en cuisine. Puis une fois sur place, on s'est dit qu'on pourrait peut-être jeter un œil ! Alors voilà... On est là ! annonça-t-il en écartant les bras. On est vraiment désolés si on a gêné l'organisation de votre mariage. C'était très sympa, en tout cas, le petit jeu !

— Ah bon ? Ils galéraient en cuisine ? Comment ça se fait ? Avec le nombre d'employés qu'il y a ! Oh, là, là ! Comment va se passer la suite du repas ? Il y a un problème avec le four ? Les plaques de cuisson ? Un ingrédient n'a pas été livré ? Ils ont mis des apprentis au lieu de vrais professionnels ? C'est quoi, le souci ? demanda la mariée à bout de souffle et en panique.

Elle avait posé ces questions d'une traite, sans prendre le temps de respirer entre chacune d'elles.

— Dites-moi ! C'est quoi, le souci ? répéta-t-elle, inquiète.

— Non, ne vous inquiétez pas, tout va bien maintenant. Je vous le promets, assura Tom.

— Ouais, c'est ça ! Avec la tête que fait votre copine, j'ai du mal à vous croire !

— Non, ne vous inquiétez pas, c'est Nina, elle a toujours cette tête. C'est une angoissée de nature, faut pas faire gaffe. Détendez-vous.

Merci pour tous ces compliments, mais je n'en demandais pas tant ! Je préférais nettement quand tu m'appelais danseuse. Cependant, au vu de la situation, tu peux raconter tout ce que tu veux à partir du moment où tu nous extirpes de ce bourbier dans lequel on s'est fourrés ! songeai-je avec une appréhension difficile à dissiper. J'observai soudain le visage de la mariée dans le but de sonder ses pensées intérieures, mais rien de vraiment positif ne filtrait à travers ses sourcils renfrognés et sa bouche tournée vers l'intérieur. Notre soudaine proximité me permit de contempler combien sa tenue était ravissante. Elle portait un magnifique bustier orné de somptueuses perles roses et blanches, rehaussé par un sublime collier rempli de brillants. Postée à quelques centimètres d'elle, je pouvais pleinement mesurer la minutie et la qualité du travail des petites mains à l'origine de ce chef-d'œuvre qui épousait parfaitement sa longue jupe bouffante ornée d'une superbe traîne. En outre, elle était mise en valeur par un maquillage éclatant et un haut chignon qui accentuait ses superbes yeux verts en amande.

— Il est marrant, lui ! Il me demande de me détendre alors que j'ai plus de cent quatre-vingts invités ! Et dans pas longtemps, c'est le fiasco assuré ! Bon, allez ! Je file aux cuisines, je vais tirer cette affaire au clair.

Je ne pus m'empêcher de crier un peu trop fort :

— Non ! Restez là ! ordonnai-je. Vraiment, vous ne pouvez pas y aller !

— Mais qu'est-ce qu'il se passe là-bas à la fin ? se lamenta-t-elle, proche du désespoir.

Face à l'abattement de celle qui devait vivre l'un des plus beaux jours de sa vie, je ne pouvais rester là sans rien dire. Cette mariée angoissée risquait de réprimander l'ensemble de la brigade ainsi que les serveurs alors que le personnel était sûrement compétent. Je ne pouvais laisser des innocents se faire admonester à notre place. Il était temps que nous assumions nos actes. La plaisanterie avait assez duré.

— Écoutez, il n'y a aucun problème. Vraiment, vous pouvez me croire. Tout se déroule à merveille. Enfin si, il y a un problème... Le problème, c'est nous. Voilà, euh, comment vous expliquez ? Tout à l'heure, on a dû passer récupérer du vin au domaine pour rendre service au patron de Tom et, avant de rentrer sur Aix, nous avons été comme qui dirait... interpellés par toutes ces voitures sur le parking. Bref, on a décidé de venir voir ce qui se passait dans ce superbe endroit. C'est pour cette raison qu'on est là. On est sincèrement désolés.

— Ah, en fait, vous vous êtes incrustés à notre mariage, c'est ça ? résuma-t-elle en quelques mots, nous demandant ainsi la confirmation d'une situation qu'elle avait parfaitement saisie.

— Oui, c'est ça, avouai-je, les yeux ensevelis dans ma honte. Mais vraiment, on tient à vous présenter toutes nos excuses. Hein, Tom ?

— Oui, notre présence n'a strictement rien à voir avec les cuisines. J'ai inventé cette histoire pourrie et… je m'en excuse.

— Mais c'est incroyable ! s'indigna la mariée.

— Oui, je sais… je suis vraiment désolée, répétai-je, accablée.

Alors que j'étais prête à lui proposer un dédommagement pour les coupes de champagne que nous avions bues et à m'excuser encore une bonne centaine de fois, elle me prit de court lorsqu'elle annonça :

— Mais c'est génial !

— C'est génial ? répétai-je, incrédule et peu certaine d'avoir bien compris.

— Vous ne pouvez pas savoir comme je suis rassurée qu'il n'y ait aucun problème en cuisine ! J'étais en train de perdre tous mes moyens, expliqua-t-elle enfin.

— Ah ! Je suis ravie de vous enlever ce poids. Sinon, pour le reste, je suis vraiment…

— Non, ne vous inquiétez pas ! N'en parlons plus, trancha-t-elle.

— Merci, c'est vraiment gentil que…

— Allez, allez ! C'est décidé, on n'en parle plus ! On n'en parle plus ! Comment vous vous appelez ? nous demanda-t-elle soudain.

— Euh… lui, c'est Tom, affirmai-je, hésitante, et moi, c'est Nina.

— Sérieusement ? Vous vous appelez vraiment Tom-Tom et Nana ? demanda-t-elle en riant.

— Oui, c'est bien nous ! répondis-je, consciente que ce qui ne nous avait pas traversé l'esprit sautait aux yeux de toutes les personnes que nous rencontrions.

— C'est énorme ! déclara-t-elle en gloussant, ivre de soulagement quant au prétendu problème en cuisine.

— Oui, c'est marrant, confirma Tom qui me pinça discrètement la taille, visiblement pressé d'en finir.

Contre toute attente, la mariée ajouta cette phrase assez déconcertante.

— C'est vraiment cool ce que vous avez fait !

Alors que nous la regardâmes avec d'immenses yeux interrogateurs, pas tout à fait rassurés, elle poursuivit.

— En fait, vous vous êtes incrustés à mon mariage… comme dans les films ? demanda-t-elle avec un intérêt inattendu.

— Euh, oui, c'est un peu ça, répondit Tom à mi-chemin entre la gêne et la fierté.

— C'est vraiment génial ! J'adorerais faire ça, moi aussi, un jour ! Alors, c'est comment ? nous demanda-t-elle, piquée par la curiosité.

— C'est... sympa, répondis-je, décontenancée. Enfin... C'est vraiment super !

Je me rattrapai ainsi avec la volonté de ne pas décevoir ses attentes.

— La chance !. Il faudra absolument qu'on le fasse, un jour, avec mon mari. Oh ! Ça fait drôle ! Je viens de dire mon « mari », c'est la première fois, constata-t-elle, amusée.

— Ah ouais ! C'est vraiment la classe de pouvoir dire « mon mari », répétai-je, toujours un peu déboussolée.

— Oui, j'adore ! *Mon mari* ! s'amusa-t-elle à répéter.

— Ça en jette ! osai-je, soulagée de la voir accepter la situation avec autant de facilité.

— Vous avez vraiment fait un truc de dingue ce soir ! Je suis trop fan ! Venez, je vais bien m'occuper de vous ! Je vais essayer de vous caser à une des tables ! expliqua-t-elle.

— Merci, c'est adorable, intervint Tom. Mais vraiment, on ne veut pas vous déranger.

— Mais vous ne nous dérangez absolument pas, au contraire. Vraiment ! Au prix que je paie ce mariage, j'ai quand même le droit de faire ce que je veux !

Soudain, la mariée vit sa mère passer, l'interpella et lui résuma la situation. Peu enthousiaste, la dame l'observa avec un regard désapprobateur.

— Maman, regarde, les gosses n'ont rien mangé. Ça vous va si je vous fais une méga assiette de gigot d'agneau, de pommes de terre et de haricots verts ? Je savais que tout serait gaspillé. Cette *wedding planner* est complètement débile… J'en peux plus de tous ces incompétents, se lamenta-t-elle, excédée.

— C'est vraiment trop gentil, mais ne vous embêtez pas, ça va vous faire du boulot en plus, affirma Tom qui souhaitait visiblement éluder cette invitation tombée du ciel.

— Allez ! C'est vendu ! On ne discute pas ! trancha la mariée. Maman, c'est bon, tu gères ? Je n'ai vraiment pas envie de me prendre la tête avec cette débile de *wedding planner* ! Je préfère que tu t'en occupes.

— Euh… oui, OK, répondit confusément la dame, visiblement contrariée par sa nouvelle mission… et notre présence.

— Super ! Vous allez voir, on va s'éclater ! prédit-elle en enchaînant quelques petits pas de danse.

— Je n'en doute pas ! confirmai-je, déstabilisée par cet insolite changement de programme.

— Super ! Bon… Là, je vais devoir vous laisser un peu, car il faut que j'aille faire le tour des tables des invités pour m'assurer que tout va bien, mais promis, je reviens vite vous voir. Oh ! Trop canon de pouvoir dire *mon mari* ! s'enthousiasma-t-elle une fois de plus. Il va halluciner quand je vais lui parler de vous ! Je reviens tout à l'heure pour vous le présenter !

Sous nos regards ébahis, elle ébaucha plusieurs pas de danse sur une musique inexistante avant de se jeter, un peu plus loin, dans les bras de son époux, apparemment habitué à ses excentricités.

— Elle nous aura tout fait ! se plaignit sa mère, dépitée. Ça fait trois mois que je supporte ses crises d'angoisse, ses caprices, ses coups de gueule pour un oui et pour un non. J'en peux plus ! J'ai plus vingt ans, moi, pour endurer tout ça ! Si vous saviez comme je serai contente demain matin quand tout sera passé ! J'en peux plus ! *Et la robe est encore trop grande ! Et le disc-jockey me saoule* ! *Et les invités ne répondent pas assez vite !* Et les demoiselles d'honneur qui ne sont pas assez bien habillées à son goût ! J'en peux plus ! Et maintenant, il faut que je vous trouve une table et que je vous prépare une assiette ! Non, mais qui a l'idée d'inviter des inconnus à son mariage ?! Non, mais je vous jure, on aura tout vu !

— Ne vous embêtez pas, on ne veut pas déranger. On va y aller, déclarai-je, terriblement gênée.

— Ah non ! Surtout pas ! Vous voulez que je me fasse enguirlander par ma fille ? Je n'ai pas envie d'avoir des ennuis ! Venez, ordonna-t-elle.

— OK, on vous suit.

J'obéis sagement, pleinement consciente du piège qui était en train de se refermer sur nous.

— Allez, dépêchez-vous un peu ! nous somma-t-elle.

- 12 -

Inconfortablement installés à la table des enfants par les mauvais soins de la mère de la mariée, nous ne pouvions nous empêcher de rire, saisis par le grotesque de la situation.

— Pourquoi vous rigolez ? demanda un petit garçon dont le contour de la bouche était rempli de saletés.

— Pour rien, mon grand. Parce qu'on est contents d'être là, répondis-je entre deux gloussements. On est vraiment ravis d'être avec vous.

— Mais pourquoi vous êtes à la table des enfants ? demanda la petite fille assise à côté de lui.

— Eh bien... parce que c'est trop super d'être à la table des enfants ! tenta Tom.

— Ah bon ? Moi, je trouve que c'est bof d'être à la table des petits. Je préférerais être avec les grands, t'es trop bizarre, toi !

— Attends, tu rigoles, vous êtes tranquilles pour dire toutes les bêtises que vous voulez sans que personne ne vous embête ! Puis regardez, vous avez plein de coloriages sur la table !

— C'est trop nul, il y a des nounours partout, c'est pour les bébés ! Nous, on veut faire des trucs de grand !

— Quoi, comme trucs de grand ? demanda Tom, amusé.

— Ben, je sais pas, moi... boire du vin, par exemple !

— Ah ouais, carrément ! Mais tu sais que le vin, c'est interdit aux enfants... et en plus, c'est un peu dégueu !

— Ah ouais, et pourquoi t'en bois, toi ?

— Parce que je suis trop bête. Non, tu vois ce qui est carrément trop cool, c'est de... Non, non, je ne vous dis pas, je ne sais pas si je peux vous faire confiance. Laisse tomber !

— Si, si ! Vas-y, dis-moi ! demanda le gamin de moins de dix ans, soudainement intéressé.

— Je ne sais pas si je peux vous en parler parce que c'est un truc d'ado normalement.

— Mais c'est bon ! Je suis un ado ! Large ! Vas-y, dis-nous !

— Oh oui ! Dis-nous, supplièrent les autres enfants en chœur.

— OK, à condition que tu nous prouves que t'es vraiment un ado, le défia Tom.

— Alors là, trop fastoche !

— Vas-y, je t'écoute, l'invita à s'exprimer Tom.

— Ah ouais, eh ben, tu sais que, moi, dans la voiture de ma mère, je monte devant !

— C'est trop nul, ça ! Même ta petite sœur, elle est déjà montée devant ! riposta Tom.

Déçu, il changea de tactique.

— Ah ouais, ben, tu sais que, moi, je connais plein de gros mots.

— Non, je ne te crois pas !

— Ah oui ! C'est vrai ! Je connais merde, con, couille, c...

— Ça va, ça va, ça va ! le coupai-je. Stop ! On a compris ! Et on est impressionnés, mais, les gros mots, ça ne va pas être possible !

— Oh ! Trop nul ! répondit-il sous le regard pétillant des autres enfants.

— Moi aussi, je connais plein de gros mots ! tenta son voisin de gauche.

— Il va falloir trouver autre chose ! prévint Tom.

— Ah ouais, ben moi, avec mon grand frère, on a déjà regardé un film interdit aux moins de douze ans ! affirma fièrement le petit voisin.

— Comme je t'ai cassé ! Moi, j'en ai regardé un pour les moins de vingt ans ! rétorqua le petit garçon aux gros mots.

— Moins de vingt ans ! commenta Tom, l'air espiègle. Mais il doit y avoir des trucs qui craignent vraiment dans ce film !

— Ah oui ! confirma l'enfant. Il y avait plein de morts-vivants, du sang, des monstres et tout... ça faisait trop peur et j'ai regardé ! Il y avait même de la violence !

— Ah bon ! commenta Tom en riant.

— Ouais ! Et vous savez, moi, je sais comment on fait du sexe, ajouta-t-il, ultra fier de lui.

Tom l'invita à développer en manquant de s'étouffer :

— Ah bon ?

— Ouais ! répondit-il avec aplomb. J'ai déjà entendu mon papa et ma maman la nuit qui faisaient « ham ham », raconta-t-il en se dandinant sur sa chaise.

— Ça va ! Ça va ! Stop ! On ne veut pas savoir ! le coupai-je en pleine représentation pendant que Tom riait.

— Eh ben, même que, moi, j'ai déjà fait du sexe dans la voiture de ma mère ! Je me suis frotté comme ça, commença-t-il à raconter en se déhanchant sur sa chaise.

— C'est intéressant, mais tu nous raconteras une autre fois, proposai-je, anxieuse d'avoir les parents du gamin sur le dos. Tom ! Aide-moi !

— C'est bon ! Stop ! Je crois que t'as gagné, affirma-t-il, amusé. T'es vraiment un ado !

— Ah, tu vois, je te l'avais dit ! Alors, c'est quoi, ton jeu ? demanda-t-il avec un regain d'intérêt.

— Alors, en fait, le truc auquel je jouais avec mes cousins plus âgés quand j'avais votre âge, c'était ça : « plus dégueu que moi, tu meurs ».

— Quoi ? demanda l'enfant incrédule. « Plus dégueu que moi, tu meurs », c'est ça ?! répéta-t-il avec des étoiles dans les yeux.

— Oui, c'est ça, confirma Tom pendant que j'effectuais de grands gestes pour lui interdire de se lancer là-dedans. Alors, en fait, c'est simple. Il suffit de manger ou de boire le maximum de trucs dégueu !

— Trop bien ! commentèrent les autres enfants.

— Quoi, comme trucs dégueu ?

— Ben… je ne sais pas, moi… un verre d'eau salée, par exemple, affirma Tom en remplissant le verre de l'enfant de sel. À toi de voir si t'es cap de le boire !

— Ah oui ! Je suis grave cap !

— OK. Alors, vas-y !

— Non, personne ne va boire ce verre ! intervins-je, peu sereine.

— Si ! Si ! Regarde ! affirma l'enfant en s'en emparant. Tu vois que je suis cap !

Il le porta à sa bouche. Instantanément, il recracha une gorgée sur sa petite voisine qui râla. Excepté ces deux enfants, toute la table se marra… et moi avec.

Un peu plus tard, lorsque la mariée s'aperçut de notre présence à la table des enfants, elle râla sur celle qui « décidément, ne comprenait vraiment rien ! » et insista pour que nous rejoignions ses amis. Les enfants, qui souhaitaient poursuivre la soirée à côté de deux extra-terrestres espiègles, râlèrent lorsque nous partîmes. Alors que la mariée avait déjà pris nos assiettes pour opérer le changement de place, le petit garçon aux gros mots prit la parole.

— Dis, Caroline, tu sais que le grand m'a fait boire de l'eau salée et que, maintenant, j'ai envie de vomir.

- 13 -

— Vous lui avez vraiment faire boire de l'eau salée ? se renseigna la mariée en nous conduisant à notre nouvelle table.

— Oh ! Juste une toute petite gorgée, minimisa Tom.

— Vous avez bien fait ! rétorqua-t-elle, en me surprenant une fois de plus. Il n'écoute rien, ce gamin ! À chaque fois qu'il vient chez moi, je suis obligée de tout cacher ! Il casse tout ! La dernière fois, il a brisé mon vase préféré et il s'est débrouillé pour démonter ma chasse d'eau ! Ah oui, j'oubliais ! Un jour, il a même écrit sur le mur des toilettes !

— Ah ouais, carrément ! Si j'avais su, j'aurais rajouté du poivre !

— T'aurais pu ! répliqua la mariée en souriant. Je vais vous mettre à la table de nos amis, vous serez bien mieux ! Ma mère est vraiment à la ramasse de vous avoir collés avec les gosses ! Excusez-la, ce mariage lui monte à la tête, je crois qu'elle est un peu en train de perdre la boule.

— Mais non, c'était parfait ! Tout nous va ! commentai-je sans vouloir la contrarier.

— Ouais, mais quand même, c'est pas génial. Ils ont à peu près votre âge, cette fois-ci, ça va être plus sympa ! informa-t-elle en rejoignant son groupe d'amis. Excusez-moi de vous déranger, j'ai besoin de toute votre attention. Je vais installer à votre table des invités de dernière minute. Vous pouvez vous serrer un peu pour leur faire de la place ? Je vous présente Tom-Tom et Nana.

Nous répondîmes gauchement à l'ensemble des convives à la fois étonnés par notre présence et nos prénoms tout droit sortis d'une série de bouquins pour enfants.

— Ah ouais, je les ai vus se galocher tout à l'heure sur la piste de danse, affirma en souriant un homme barbu au look hipster.

— Enchanté, moi, c'est Tom, ravi d'avoir capté ton attention, répondit mon acolyte en lui tendant la main.

— Bon, parfait, puisque les présentations sont faites, je compte sur vous pour les chouchouter. C'est comme s'ils faisaient partie de la famille, ajouta la mariée en nous adressant un clin d'œil complice.

— Waouh ! On dirait que vous bénéficiez d'un traitement de faveur, commenta une invitée.

— Oui, on a vraiment de la chance, confirmai-je.

— Jusque dans les assiettes. C'est le menu enfant, non ? demanda son conjoint.

— Oui ! Il n'y avait plus de *happy meal* ! rétorquai-je.

— Et sinon, comment vous avez rencontré les mariés ? demanda une autre jeune femme blonde avec un magnifique rouge à lèvres carmin impeccablement posé.

— Tu veux leur raconter, Tom ? le sollicitai-je en le suppliant intérieurement de dire oui.

— Non, je t'en prie, vas-y ! s'amusa-t-il alors que j'étais parcourue par un désir de vengeance aiguisé.

— Non, vas-y, toi, tu racontes mieux l'histoire, répondis-je en lui faisant les gros yeux.

— Bon, alors, vous nous racontez ou pas ? s'impatienta un des invités.

— Ça arrive, ça arrive. Quelqu'un peut-il me servir un verre de vin ? Alors voilà, commença-t-il, cela remonte à de nombreuses années, à l'époque où nous étions ensemble au lycée.

Le lycée ? Mais pourquoi parle-t-il du lycée ? Il ne va pas bien ! Et si tous les invités étaient de vrais copains de lycée ?!

— Ah ! Vous étiez en cours au lycée français avec Caroline ?

Et mince ! Voilà que c'est une expat' ! Comment va-t-il s'extraire de cette galère ?

— Oui, c'est ça ! On s'est toujours suivis dans les mêmes classes. On se tapait la bourre !

— Ah bon ! Parce que Caro n'a jamais été très bonne à l'école ! riposta le hipster du groupe.

— Ouais... enfin, on se tapait la bourre entre nous ! La bourre des « nuls », si vous préférez, corrigea-t-il. On a fait les quatre cents coups ensemble ! Qu'est-ce qu'on a pu rire ! Nos parents sont hyper potes d'ailleurs... Sa mère est vraiment adorable.

— Sa mère ? réagit une invitée, interloquée. On ne doit pas parler de la même alors.

— Ah bon ? Nina, qu'est-ce que tu en penses, toi ?

— Un amour ! Cette femme est un vrai amour ! ajoutai-je en regardant fixement Tom dans les yeux, peinant à retenir mon rire.

— Et vous avez réussi à garder contact pendant toutes ces années ?

— Ah oui ! On ne s'est jamais quittés ! Même si on a chacun nos vies, on trouve toujours un peu de temps pour se voir. On a fait plein de trucs ensemble, des trucs complètement dingues, ajouta-t-il, infatigable.

Persuadée qu'il allait repartir dans le même genre de délires que lorsque nous étions à la table des enfants, je commençai à m'inquiéter, d'ores et déjà consciente de la difficulté à l'interrompre.

— Ah bon, vous avez fait quoi comme trucs dingues ?! demanda une invitée avec intérêt.

Oh non, pitié ! Ne le chauffez pas ! On ne va plus pouvoir l'arrêter !

— Oh ! Je ne sais plus, moi... Du saut à l'élastique, par exemple.

— Du saut à l'élastique ? Mais elle a le vertige !

— Ouais, c'est vrai, maintenant elle flippe, mais il fallait la voir avant ! Rien ne l'arrêtait. Elle était plus téméraire que moi.

Attention, Tom, c'est limite ! Tu vas te faire griller !

— C'est dingue ! commenta l'invitée au rouge à lèvres carmin avec intérêt.

— Mais non ! Pas Caro ! s'indigna une autre invitée. J'hallucine !

— J'ai du mal à le croire ! ajouta son compagnon. Qu'est-ce que vous avez fait d'autre ?

— Oh ! Je ne sais pas… Qu'est-ce que je pourrais bien vous raconter ?

Oui, exactement, Tom, tu ne sais plus quoi leur raconter ! C'est exactement ça !

— De la spéléo ! inventa-t-il après un léger temps de réflexion. On adorait ça, la spéléo ! Qu'est-ce qu'on a pu s'éclater ! ajouta-t-il, sûr de lui.

Profitant de l'attention des invités entièrement focalisée sur lui, je multipliai les signaux, lui suggérant d'interrompre ses mensonges exponentiels. Je le regardais avec de gros yeux, me raclais discrètement la gorge, imitais des ciseaux en plein découpage avec mon index et mon majeur… S'il poursuivait sur sa lancée, il allait très vite inventer un tour du monde ou une ascension de l'Everest. Parfaitement sensible à mon petit manège, il s'amusa à multiplier les grimaces extrêmement discrètes, pouvant presque passer inaperçues par les autres invités. Une fois de plus, cet homme drôlissime et déconcertant m'embarquait dans son univers folklorique et complètement barré. Même si ces mensonges me faisaient un peu stresser, j'étais complètement séduite.

— Impossible. Je ne te crois pas. Pas Caro ! Elle n'a même pas été capable de faire un accrobranche pour son enterrement de vie de jeune fille ! On a eu pour consigne *zéro activité sportive ou dangereuse !* Elle avait trop peur de se casser un ongle !

— Et alors, pour les strip-teaseurs, ça s'est posé comment ? tenta un des hommes de la table.

— Ah, ah ! Bien vu, mais vous ne saurez rien ! On n'a pas le droit de savoir ce qu'il s'est passé de votre côté, alors on ne vous dira rien ! Parle-nous plutôt de Caro ! demanda-t-elle à Tom pour détourner l'attention sur un autre sujet.

— Que vous dire à part qu'elle a beaucoup changé ! Avant, elle était beaucoup plus casse-cou ! Rien à voir avec la chochotte d'aujourd'hui.

— De la spéléo ? reprit, incrédule, la jeune femme au rouge à lèvres carmin. Mais qu'est-ce que vous pouviez bien faire dans des grottes ?

— Tu rigoles ! C'est trop super d'étudier les cavités souterraines ! Et puis c'est vraiment un des meilleurs sports que je connaisse !

— Caro ?! Mais c'est la personne la moins sportive que je connaisse ! Son seul sport de l'année est de faire le trajet pour s'inscrire à la salle de sport et honorer deux, allez, trois cours dans l'année, grand max !

— Ben, elle a beaucoup changé ! Vous êtes sûrs qu'on parle bien de la même ? alla même jusqu'à ajouter Tom.

— C'est clair, confirma la jeune femme au rouge à lèvres carmin, j'ai l'impression de ne pas la connaître.

— Ah ben, peut-être que tu ne la connais pas aussi bien que moi ! osa Tom. Elle n'a pas toujours été aussi précieuse qu'aujourd'hui ! Je me souviens qu'à l'époque, quand on partait en rave, il nous arrivait de ne pas pouvoir nous laver pendant deux ou trois jours et elle ne s'en plaignait pas !

— Quoi ?! Vous alliez en rave ? s'étonna l'homme barbu.

— C'est quoi, les raves ? demanda une invitée.

— Les festivals de musique techno qu'il y avait à l'époque, répondis-je, fière de ma pseudo culture musicale.

— Et elle ne se lavait pas pendant plusieurs jours ? répéta-t-elle.

— Oh, tu sais, enchérit Tom, on faisait comme on pouvait... Il n'y avait pas toujours d'eau potable dans ces grands rassemblements ! C'était dingue ! Le monde, la musique, les gens ! Qu'est-ce qu'on a pu s'éclater ! On dansait toute la nuit ! On passait des nuits entières à danser, sans dormir. C'était ouf !

— Et il vous arrivait de prendre de la drogue ? se renseigna le hipster.

— Oui, ça nous est arrivé de choper quelques bricoles, mais je ne suis pas certain que Caro ait envie que je vous en parle.

— Alors là, je suis choquée ! commenta l'invitée au rouge à lèvres carmin.

— Mais elle n'a pas pu aller en rave quand même ! Aujourd'hui, c'est tout juste si elle connaît la musique qui passe à la radio ! Parlez-lui d'Aya Nakamura, il n'y a plus personne. Non, mais t'es pas sérieux ? Elle ne supporte pas la foule ! C'est carrément impossible de la traîner à un festival ! Ça fait des années que je lui demande de m'accompagner à Musilac et qu'elle refuse ! C'est tout juste si elle est déjà allée à un concert ! s'offusqua une de ses amies.

— Les gens changent ! affirma Tom sans se dégonfler.

— Vous avez fait quoi d'autre ? s'inquiéta la jeune femme à côté de Tom qui posa sur lui un regard un peu trop appuyé et intéressé.

Eh, oh ! Cet homme n'est pas dispo ! On est ensemble, eus-je presque envie de préciser, même si n'étions pas vraiment en couple et que nous nous connaissions seulement depuis quelques heures. Cette petite pointe de jalousie m'amusa.

— Oh ! Je ne sais pas, moi ! J'ai peur de me faire allumer par Caro si je vous dévoile des trucs que je ne suis pas censé raconter !

— Allez ! Balance-nous quelques dossiers ! insista la même personne.

— Bon… Allez ! J'imagine qu'elle a dû vous parler de nos vacances naturistes avec nos parents respectifs ?

— Mais non ! Je ne te crois pas ! commenta-t-elle. Mais qui est cette inconnue qui se fait passer pour notre amie ?!

— Ah ben, oui ! Je me pose la même question ! Qui est cette inconnue ? répéta Tom en m'adressant un clin d'œil complice.

Je détournai aussitôt le regard, certaine de ne pas pouvoir résister à mon irrépressible envie de rire si je croisais ses yeux.

— Alors, ça veut dire que tu as vu Christiane et Joseph tout nus ? demanda la jeune femme au rouge à lèvres carmin avec une moue proche du dégoût.

— Ah ben, oui… Difficile de faire différemment, confirma Tom. Plus d'une fois même !

— Quelle horreur ! s'exclama-t-elle.

— Oh ! Tu sais, nous, les naturistes, ce qu'on aime, c'est être en parfaite communion avec la nature, on n'est pas là pour s'observer et se détailler les uns les autres. C'est vraiment une philosophie, un art de vivre, si vous préférez.

J'admirais ses talents de comédien, son imagination, sa capacité à garder son sérieux et à broder autour de n'importe quel thème. Pour ma part, j'avais énormément de mal à contenir mes rires.

— Incroyable ! s'étonna-t-elle.

Alors que les amis de Caroline tentaient d'intégrer les abracadabrantesques mensonges de Tom, le DJ s'empara du micro.

— Je vois que toutes les assiettes sont finies. Je suis sûr que personne ne résistera à l'envie de danser sur ce son ! annonça-t-il en diffusant *Mambo number five*.

Tous les convives de notre table se levèrent instantanément, préoccupés par les recommandations de la mariée.

— Vite ! Vous vous souvenez de ce qu'a dit Caro ?! Dès que le DJ fait des annonces, on doit se lever et aller danser ! Allez ! Allez ! Levez-vous ! Allez ! On se bouge, on va danser ! gronda une invitée.

Impressionnés par ce petit bout de femme autoritaire, nous nous levâmes aussitôt en direction de la piste de la danse.

— Prêt pour une dernière danse ? proposai-je à Tom.

- 14 -

Conformément aux recommandations du disc-jockey, nous mîmes « le feu » sur la piste de danse. Au bout de trois chansons, j'appréciai la proposition de Tom, complètement raccord à mes envies.

— Bon... c'est sympa, mais on ne va pas trop tarder, non ?

— Tout à fait d'accord avec toi. On va quand même dire au revoir aux mariés. Ça te va ?

— On est vraiment obligés ?!

— Ça se fait, généralement. Pour remercier Caroline.

— Bon, OK... je te suis, accepta Tom.

Après un rapide coup d'œil, nous trouvâmes celle que nous cherchions. J'attendis qu'elle achève sa conversation avec un petit groupe de personnes âgées et inventai une excuse bancale pour justifier notre départ.

— En tout cas, j'ai vraiment été ravie de faire votre connaissance, affirma-t-elle en me prenant dans ses bras. Vous êtes vraiment super beaux tous les deux, ne changez rien ! Ne perdez pas votre petit grain de folie ! Et promis, moi aussi, je m'incrusterai à un mariage !

Sa diction était un peu confuse. Le verre de vin qu'elle tenait nonchalamment à la main semblait révéler un état d'ébriété avancé.

— Nous aussi, on a passé un super moment.

— C'est vrai ? C'était bien ? demanda-t-elle, presque inquiète.

— C'était super ! la rassurai-je.

Je me retins de lui révéler son passé de spéléologue, d'amatrice de saut à l'élastique, de sports extrêmes, de rave parade et de naturisme... Cela faisait effectivement beaucoup d'un coup.

— Je vous aime tellement, ajouta-t-elle, chancelante, en me couvrant de baisers.

— Nous aussi, répondis-je, gênée et mal à l'aise.

— J'ai une idée ! s'enthousiasma-t-elle. Je vais prendre ton numéro, Nana. Comme ça, on se reverra !

— Oui, bien sûr ! ajoutai-je, un peu troublée et amusée d'avoir été rebaptisée Nana. Tu as de quoi noter ?

— Je ne sais même pas où est mon sac à main, répondit-elle complètement ivre. Tu veux l'écrire sur ma poitrine ? Comme à mon enterrement de vie de jeune fille !

— Bonne idée, répondit Tom en sortant un stylo de la poche de son pantalon.

— Non, regarde, affirmai-je en ôtant le capuchon, je vais te l'écrire sur la paume de ta main.

— Parfait ! répondit la mariée en m'offrant un énorme baiser sur la joue.

Alors que j'avais achevé de noter la série de chiffres qui composait mon numéro, Tom prit la main de la mariée en photo, un sourire victorieux aux lèvres. Fier d'avoir récupéré mon numéro de téléphone, il salua Caroline et nous traîna en courant jusqu'à l'extérieur. Avant de quitter la salle, je m'immobilisai. Inéluctablement attirée par la nouvelle chanson diffusée, je ne pus me résoudre à quitter cette fête avant d'écouter quelques notes. Je constatai avec amusement que cette musique, qui accompagnait notre sortie, était fort à propos. Les paroles semblaient résumer notre début de soirée et, peut-être, prédire la suite. Happée par cette chanson remplie de douceur, de tendresse et de poésie qui passait en boucle à la radio dans les années quatre-vingt-dix, je laissai mon corps s'exprimer. Mes lèvres se mirent à chantonner et mon corps, indomptable, commença à se trémousser en rythme.

Faire une virée à deux
Tous les deux sur les chemins
Dans ton automobile
Tous les deux on sera bien
Et dans le ciel il y aura les étoiles
Et du soleil quand on mettra les voiles.

Sentant poindre le refrain, je saisis la main de Tom et l'invitai à danser avec moi. Il s'exécuta docilement, en se laissant bercer par mes pas. Même s'il n'était pas particulièrement habité par la musique, il me regardait avec un immense sourire. Ses yeux semblaient habités par l'ivresse et le désir de prolonger ces pas de danse dans un lieu plus feutré, plus propice aux caresses, plus intime.

S'en aller tous les deux
Dans le sud de l'Italie
Et voir la vie en bleu
Tout jouer sur un pari
Toute la nuit danser le calypso
Dans un dancing avec vue sur l'Arno.

Nous dansions comme si la chanson avait été écrite pour nous… et aussi un peu comme si nous étions seuls au monde.

Au milieu de la nuit
En catimini…

Ce furent les derniers mots que nous entendîmes. Tom, après m'avoir fait tourner sur moi-même une dernière fois, nous dirigea tout doucement vers la sortie. Ses gestes chaloupés étaient empreints de douceur. Quand nous arrivâmes dans le hall d'accueil, il récupéra un lys d'un des vases et me l'offrit en effectuant une révérence. À la différence de tout à l'heure, nous ouvrîmes la grande porte sans nous camoufler et sans être engloutis par la peur. En revanche, il faisait toujours aussi froid.

— Ça faisait longtemps que je n'avais plus fait n'importe quoi comme ça ! Ça fait trop du bien ! déclara-t-il sans détour, en posant un baiser sur ma joue.

— Oui, c'est vrai que c'était super. D'ailleurs, j'ai adoré t'entendre raconter n'importe quoi ! ajoutai-je, bercée par la chaleur de ses bras qui s'étaient glissés autour de ma taille.

— Pas du tout ! Ça t'a fait flipper ! Je te voyais, t'étais à deux doigts de tomber dans les pommes !

— Mais non ! Qu'est-ce que tu crois ! Je suis une aventurière !

— Ah bon ? T'es sûre ?

— Oui, répondis-je avec détermination.

— OK, vas-y, prouve-le !

— OK, répétai-je, prise à mon propre piège. Attention, pas de saut à l'élastique, de spéléologie ou quoi que ce soit dans le genre !

— T'as de la chance que tous les sites soient fermés à cette heure-ci !

Alors que je m'apprêtais à lui proposer de retourner dans le hall d'entrée subtiliser d'autres magnifiques fleurs, j'aperçus la sublime décapotable des mariés sur laquelle était accrochée la banderole « Just married ».

— On ne peut pas partir d'ici sans faire un tour dans la voiture des mariés, lançai-je, amusée.

— Ah ça, non !

— Viens, affirmai-je en le prenant par la main.

Nous courûmes ainsi jusqu'à la décapotable, main dans la main, sans ressentir le froid et la peur. Alors que je tentais d'enjamber la voiture, je sentis deux bras robustes me soulever et me positionner sur le siège. Tom fit rapidement le tour de la voiture, s'installa sur le siège d'à côté et me fixa. Je fis mine de m'intéresser au volant et aux quelques boutons du tableau de bord, lorsque, trop impatient, il saisit ma main.

— Tu es vraiment venue pour faire l'inventaire de la voiture ?

Propulsée par sa voix sensuelle et le sous-entendu charnel contenu dans ses propos, je quittai mon siège pour le rejoindre. Il ne m'en fallut pas davantage pour m'installer sur lui à califourchon et me retrouver ainsi face à son visage. Tout près de lui, aimantée par ses yeux si pétillants et son sourire envoûtant, j'avais l'impression de renaître. J'étais complètement subjuguée par cet homme incroyable, cet homme que je ne connaissais pas une poignée d'heures auparavant. Pourtant, quand j'observais son visage qui me souriait avec une infinie douceur, j'avais l'impression de le connaître depuis toujours. Ses yeux étaient si envoûtants qu'ils me donnaient le tournis. Ah ça, oui ! J'étais hypnotisée par son regard, cette incroyable soirée, la chaleur de ses bras qui m'encerclaient, la délicieuse odeur de son parfum, ses lèvres qui me surnommaient *danseuse* en chuchotant.

— Qu'est-ce que vous êtes belle, Nina... Nina comment d'ailleurs ?

— Nina Lelouch, précisai-je en embrassant le contour de ses lèvres.

— Nina Lelouch… C'est un très beau nom. Un nom de star, un nom de comédienne, ajouta-t-il pendant que je poursuivais mes baisers autour de sa bouche.

— Une tête d'affiche ! blaguai-je en embrassant ses lèvres.

J'avais envie de retrouver son odeur, le goût de sa peau, la douceur de ses mains, de ses joues, la sensation de sa barbe naissante sous les caresses de mes mains. Aussi, je l'embrassai fougueusement, sans me soucier de la promiscuité de la voiture, du risque d'être démasqués, et du froid glacial.

— On a un truc tous les deux avec les voitures, tu ne trouves pas ? demandai-je, essoufflée, entre deux baisers.

— On a un truc tout court, répondit-il en pressant mes joues entre ses mains. On a un truc tous les deux, Nina Lelouch.

Il le répéta en plongeant ses lèvres sur les miennes. J'étais à présent habitée par l'unique envie de lui offrir ma bouche, mes mains, mon corps.

— Chut, chuchotai-je en l'embrassant, désireuse de mettre à distance cette discussion.

Sachant qu'il prenait le train quelques heures plus tard, qu'il avait une vie bien réglée et extrêmement occupée à Paris, je ne souhaitais pas mettre trop d'affects dans cette soirée. Il fallait que cette parenthèse reste légère et insouciante. En ce sens, je ne voulais pas entendre de mots trop intenses ni de paroles chargées d'émotion. En effet, je refusais de cultiver un lit de promesses et de rêves qui resterait en suspens. Sans réfléchir davantage, je glissai mes mains sous sa chemise et caressai son buste musclé. Pour sa part, il ne tarda pas à passer ses mains sur mon ventre. Saisie par leur froideur, je lâchai un soupir, suivi par plusieurs autres. Ses mains caressèrent mon nombril, le creux de mes hanches, puis se dirigèrent vers ma poitrine. À ce moment-là, les petits sons que j'émettais n'avaient plus rien à voir avec le caractère glacé de cette nuit d'hiver si rude. Alors qu'un vent sibérien s'insinuait à travers mes vêtements et venait gifler ma peau, j'étais happée par la douceur de ses mains en quête de mon soutien-gorge. Il s'amusa à jouer avec la dentelle et la texture du tissu, décuplant ainsi mon désir. Au moment où il faufila une main à l'intérieur de celui-ci, je penchai ma tête en arrière, prête à me laisser aller dans les bras de cet homme fascinant et troublant. Il effectua des petits cercles sur ma peau envoûtée par ses caresses pendant que mes mains se promenaient le long de sa chevelure. J'embrassai cet homme beau, attentionné, drôle, irrésistible avec un regain de désir et de sensualité. J'avais envie d'être toute à lui, nue et à sa merci. Mes mains glissaient sur ses cheveux, son torse, son buste pendant que ses doigts choyaient ma poitrine avide de ses caresses. Ses doigts fins et délicats titillèrent encore un moment ma poitrine enflée avant qu'il ne la libère complètement du tissu qui la compressait. Il saisit alors mes seins en coupe et vint y déposer sa bouche brûlante qui les couvrit de baisers. Sa langue agile et affamée ne cessait ses va-et-vient sur la peau de ma poitrine tendue. Je me ruai alors sur sa bouche que je voulais mienne. Tout mon corps avait envie de lui… avait envie de plus. D'une main, je déboutonnai son pantalon et accédai à son caleçon en ressentant un pic de chaleur dans tout mon corps. Je commençai à promener ma main le long de sa peau douce et tendue lorsque j'entendis des bruits de pas suivis de rires.

— Tom, tu entends ?

— On s'en fiche, répondit-il en soupirant.

Je levai les yeux et aperçus la bande de copains avec laquelle nous avions partagé notre repas en train de se diriger vers nous.

— Tom, rhabille-toi, lui ordonnai-je en retirant ma main de son caleçon et en rajustant mes vêtements à la hâte. Leurs copains arrivent avec de vieilles casseroles !

— Oh ! Les lourds !

— Allez ! Dépêche-toi !

— Je fais de mon mieux, répondit-il en se débattant avec ses vêtements.

— Vite ! ordonnai-je alors qu'ils s'approchaient dangereusement de nous.

Je réussis à m'extirper de la voiture par je ne sais quel miracle et attendis qu'il fasse de même, accroupie près de la portière. Une poignée de secondes plus tard, il s'arracha *in extremis* lui aussi de la voiture. Soulagée, je montai un plan.

— On va jusqu'à ta voiture en courant le plus vite possible. Pas le choix !

— Go ! me répondit-il en actionnant sa première foulée.

Nos pas lourds martelaient vigoureusement le sol et résonnaient dans tout le champ de vignes. Naturellement, les voix de leurs amis parvinrent à nos oreilles.

— Eh, oh ! apostrophèrent-ils.

— Qui sont les deux gars en train de courir ?

— Tu crois que ce sont des voleurs ?

— Mais non, ce sont les deux mythos qui étaient à notre table !

— Arrêtez-vous ! se mirent-ils à hurler.

— On vous a vus, pas la peine de courir !

— Loosers ! On va vous balancer aux mariés !

— Bande de gros nazes !

Lorsque nous arrivâmes finalement à la voiture de location de Tom, nous laissâmes échapper nos derniers rires. J'étais harassée par cette course effrénée, la décharge d'adrénaline et l'ensemble des émotions fortes et contrastées qui avaient parcouru mon corps en si peu de temps… Mais bon sang, qu'est-ce que c'était bon ! Ça faisait longtemps que je ne m'étais pas sentie aussi vivante.

- 15 -

— C'était hallucinant, cette soirée ! Waouh ! Qu'est-ce qu'on a pu rire !

— Ouais, c'était vraiment bien, confirma-t-il. Et dire que j'étais parti pour finir la soirée tout seul dans ma chambre d'hôtel !

— Et moi, si tu savais ce que..., commençai-je spontanément.

Au moment où je me rendis compte que je faillis dévoiler mon programme de Noël, je m'arrêtai net. Il était hors de question que j'évoque ce sujet.

— Toi non plus, tu n'avais pas trop de projets, c'est ça ?

— Oui, voilà, tu as tout compris. J'avais prévu de me reposer un peu... Je suis vraiment claquée avec tout le travail que j'ai fourni ces dernières semaines à l'école, inventai-je.

La voiture, remplie de givre, diffusait une chaleur nettement appréciable après la parenthèse à la fois glaciale et brûlante de la voiture. Il était un peu moins d'une heure du matin, nous avions encore la nuit devant nous. Alors que je me demandais quelles étaient les intentions de Tom – allait-il me proposer de faire la tournée des bars et des boîtes de nuit ou bien aurait-il envie d'un peu plus d'intimité ? –, il m'indiqua être en route pour son hôtel, comme si c'était la seule option possible. Fort heureusement, c'était celle dont j'avais le plus envie.

La suite du trajet en voiture fut rapide et plutôt silencieuse. Une forte tension régnait dans tout l'habitacle, même si chacun de nous restait muré dans ses pensées. Pour ma part, j'étais propulsée dans un bain d'images osées, mais jolies qui dansaient avec allégresse dans mes pensées fébriles. Lorsque nous arrivâmes dans le hall de son hôtel, je ne prêtai aucune attention au lieu et à la décoration, seul cet homme qui avait ses yeux plantés dans les miens m'intéressait. Dans l'ascenseur, son regard ne me lâcha pas. Tom s'empara de ma main, la saisit avec fermeté, visiblement pressé d'arriver à destination. Je compris qu'il ne s'autorisait pas à m'embrasser, car, une fois lancé, il ne serait plus en mesure de s'interrompre. Aussi, lorsque l'ascenseur s'arrêta, il serra ma main un peu plus fort, lui donna une légère impulsion et accéléra le pas. Nous arrivâmes ainsi dans sa chambre presque en courant. Il ouvrit la porte sans desserrer la pression autour de ma main, jeta son portable et ses clés de voiture sur la table de chevet, se retourna brusquement, et m'embrassa. Sans lâcher ma bouche, il fit glisser la bretelle de mon sac à main qui atterrit par terre dans un bruit sourd et s'occupa d'ôter mes premières couches de vêtements. Très vite, sans vraiment que je m'en rende compte, nous nous retrouvâmes allongés l'un contre l'autre dans le grand lit de la chambre d'hôtel. Je croulais sous ses baisers et son souffle chaud pendant que ses mains ne cessaient de m'étourdir et de m'étreindre. Nos mouvements, réprimés à plusieurs reprises durant la soirée, s'exprimaient à présent avec élan et vigueur. Chacun de nos gestes était habité par un mélange d'ivresse et d'urgence. Tout se mélangeait en nous, les restes d'alcool, la volonté de profiter du moment présent, de s'unir… avec, au bout du chemin, le train, les adieux et le souhait de ne pas mettre de mots sur cet au revoir. Alors, oui, pour toutes ces raisons-là, nous étions pressés que nos corps s'entrelacent, se répondent et s'aiment le temps d'une nuit. Si petite face à l'immensité du lit, j'accueillais avec un plaisir fébrile sa bouche qui se promenait partout sur mon corps. Cette nouvelle rencontre avec ma poitrine insatiable avait le goût du sublime et du sensationnel. Alors que mes sens étaient au paroxysme de leur excitation, je fus secouée par la foule de baisers qui se déversa sur tout mon corps. Guidée par ses mains et sa langue expertes, je m'abandonnai complètement à cet inconnu divin, lui laissant les clés de mon corps à sa merci. J'avais chaud, froid, soif, terriblement besoin de sa présence… Des fourmillements commencèrent à apparaître tout en bas de mon ventre, recouverts par les gémissements que je ne sus taire malgré le coussin enfoncé dans ma bouche que je ne cessais de mordre, et mes mains agrippées à la paroi du lit. Lorsqu'enfin, il se glissa à l'intérieur de moi, j'eus envie de pleurer de désir et d'ivresse. À bout de souffle, d'énergie et de passion, nous nous laissâmes choir dans les bras l'un de l'autre et je ne pus empêcher ces quelques mots de sortir de ma bouche assoiffée, desséchée, vandalisée.

— C'était vraiment incroyable !

Aussitôt, je regrettai cet aveu, craignant que les étincelles et la magie n'existent que dans mes pensées. Après tout, il était payé pour donner des représentations et m'avait montré à plusieurs reprises durant la soirée combien il était à l'aise avec le mensonge et les faux-semblants.

— Ouais, c'était divin, danseuse, répondit-il avec du miel dans la voix.

Une fois de plus, je fus attendrie par la douceur de ses mots et le surnom qu'il m'attribuait. À ce moment-là, je décidai de laisser de côté mes craintes et mes doutes et de lui faire confiance. Tant pis s'il n'était pas authentique et sincère, ça le regardait. En outre, j'avais envie de croire que tout cela n'était pas du toc.

— Vraiment troublante et inattendue cette soirée ! commentai-je en riant.

— Attends, la soirée n'est pas finie ! ajouta-t-il en m'embrassant sur le front.

Au moment où nos regards se croisèrent de nouveau, je sus que nous ne pourrions rester insensibles à cet irrépressible désir de nous unir qui nous animait. Aussi, avec encore plus d'intensité et d'ardeur, nous nous redécouvrîmes passionnément. Un peu plus tard, repus et encore un peu tremblants, quelques mots s'invitèrent dans une conversation improvisée, légère et détendue. Nous continuions d'en apprendre un peu plus sur l'autre, comme nous l'avions précédemment expérimenté lors du jeu des Z'amours.

— T'es plutôt « sorties à tout-va » ou pantouflarde ? me demanda-t-il en enlaçant ses doigts à l'intérieur des miens.

Je songeai soudain au changement radical qui s'était opéré sur mon rapport au monde après le décès de mes parents. Avant leur départ, je passais mon temps à partir en voyage, je courais à travers toutes les expos, les musées, ne ratais jamais un film au cinéma et aucun artiste que j'admirais sur scène… J'avais une vie sociale très riche. J'étais toujours la première à proposer des sorties et multipliais les invitations dans mon appartement minuscule. Nous ne pouvions pas laisser passer plus de trois jours sans que mes copines et moi nous réunissions pour « une soirée filles ». Ma meilleure amie Maïa était mon repère, mon pilier. Je me sentais libre, jeune et insouciante et j'avais l'impression que le monde était à mes pieds… Et puis un jour, mon monde s'était écroulé et, avec lui, tous mes rêves et mes projets. Je n'avais plus envie de rien et étais tombée dans une profonde dépression à la suite de laquelle j'avais décidé de mettre entre parenthèses ma carrière à l'Éducation nationale. Je ne pouvais plus assurer des journées de cours complètes ni supporter des classes de trente élèves, des parents inquiets et des collègues angoissés par leurs retraites… Je ne tolérais effectivement plus grand-chose, car ma peine avait pris toute la place. Au début, mon entourage s'était montré plus ou moins compatissant et étonnamment peu disponible. Je ne pus m'empêcher d'être déçue par leur manque d'initiative et… de présence. En outre, face à mes refus, leurs sollicitations s'étaient progressivement espacées… jusqu'à se faire extrêmement rares. Le coup de fil annuel de certains devait correspondre à une sorte de rappel dicté par leur téléphone ou leur mauvaise conscience, les invitant ainsi à se délester d'une partie de leur culpabilité sur mon répondeur. Je les soupçonnais même d'être contents de s'adresser à ma messagerie plutôt que de se confronter à l'incontournable gêne, ainsi qu'aux blancs et aux vides de la conversation. Parmi mon entourage, certaines solides connaissances n'avaient plus pris de mes nouvelles, d'autres s'étaient essoufflées, d'autres encore s'étaient désintéressées. Un jour, j'étais tombée par hasard sur un petit proverbe, prévenant et plein de bon sens. « Avant de faire une dépression, assure-toi d'être bien entouré », indiquait-il. Cette effarante banalité, que j'avais eu du mal à admettre, avait alors pris tout son sens. Alors que j'étais la personne que l'on invitait à toutes les fêtes lorsque tout allait bien, j'étais devenue une parfaite inconnue pour beaucoup de mes copains et amis. Petit à petit, l'écart entre le reste du monde et moi s'était creusé… jusqu'à ce que je me retrouve complètement seule. À la peine liée à la disparition de mes parents s'ajoutaient le poids de ma solitude et le sentiment d'abandon que je ressentais. Même si je ne pouvais en vouloir à Maïa et son chéri d'être partis s'installer en Angleterre presque aussitôt après le décès de mes parents, leur décision m'avait plongée dans un profond désarroi, me laissant ainsi seule à Paris, inconsolable et vulnérable. Je m'étais alors retrouvée rapidement cloisonnée entre les quatre murs de mon appartement qui, malgré les cris et les pleurs qu'il abritait, avait cet incroyable pouvoir de me rassurer. Et puis, petit à petit, je ne sais plus vraiment comment exactement, je m'étais mise à ressortir un peu… D'abord sur des temps très brefs, puis un peu plus longs… et de plus en plus souvent… Sans vraiment que je puisse en expliquer la raison, un petit déclic avait eu lieu. Il s'agissait probablement du temps qui avait fait son œuvre. Serge Lama l'avait compris bien avant moi à la différence près que, non, avec le temps, tout ne s'en va pas… On apprend à vivre avec… on apprend à s'habituer, à aller mieux… à avoir moins mal. Attention… le chemin n'est pas linéaire… Au début, on trébuche et on tombe encore, afin de bien enfoncer le clou lorsqu'on commence à voir un peu de lumière au bout du tunnel. On laisse naïvement entrer un homme dans sa vie en imaginant qu'après un tel drame, ça ne peut forcément qu'être un heureux présage parce que quand même… faut pas déconner, on ne peut pas cumuler les déceptions ! Eh bien, si ! C'est là où la vie peut s'avérer affreusement perverse ! Elle met sur ta route de mauvaises personnes déguisées en agneau… En tout cas, au début. Bref… Petit à petit, malgré ces événements douloureux, j'avais réappris à renouer avec les petits plaisirs… J'avais redécouvert certaines odeurs, certaines saveurs, certaines personnes, en sachant pertinemment que certains liens, trop décevants et distendus, seraient rompus à tout jamais. Et puis un jour, le printemps est là… Les pointes et les demi-pointes s'étirent, les sourires et les petits mots de mes élèves se multiplient, des espoirs se dessinent comme autant de rêves et de promesses… Et puis un autre jour, on se dit que oui, ça va mieux.

Finalement, que pouvais-je bien répondre à Tom ? Étais-je plutôt pantouflarde ou davantage tournée vers l'extérieur ? Je voulus éluder une fois de plus sa réponse, mais je choisis de m'exprimer avec une certaine forme de franchise, sans pour autant entrer dans les détails.

— Disons que j'ai connu des périodes où j'avais une vie sociale beaucoup plus riche que maintenant ! avouai-je laconiquement.

— Trop de travail, c'est ça ? pensa-t-il.

— Entre autres, oui. Et toi ?

— Moi, je passe encore tous mes week-ends en rave party.

— Non, allez ! Sois sérieux !

— Ça dépend... Par rapport à mes potes qui ont des enfants, oui, c'est sûr... Sinon, je pense que je sors raisonnablement. On a de quoi faire à Paris !

— Oui, c'est sûr !

— Tu es dans quel quartier, au fait ?

— Dans le dix-septième, répondis-je. Et toi ?

— Pas très loin, le onzième.

— Cool, répondis-je, assez embarrassée par la perspective de penser à nos vies respectives en dehors de cette parenthèse aixoise.

— Tu remontes quand, toi, sur Paris ?

— Le vingt-six.

— Juste le temps de fêter Noël.

— Oui voilà, c'est ça, le temps de fêter Noël, répétai-je, la gorge nouée.

— Parce que le truc c'est que... je me demandais... si tu avais envie qu'on se revoie sur Paris, proposa-t-il après plusieurs hésitations.

Paniquée par ses propos, je remontai aussitôt le drap au-dessus de ma poitrine avec l'envie de me mettre à l'abri. Soudain, je n'assumai plus ma nudité... et notre proximité. Je n'étais pas prête à entamer une relation. J'étais bancale, abîmée par la vie, et peu encline à démolir les murs que j'avais dressés contre le reste du monde. En outre, je n'avais plus confiance dans les hommes et en la vie. Les meilleurs partaient toujours trop tôt. Ils désertaient sans piper mot en laissant l'atroce et indécrottable goût du vide et du manque. L'amour est lâche, fourbe et pervers. Il te donne et te reprend. J'avais tout... et j'avais tout perdu... Alors, désormais, je ne voulais plus croire en toutes ces conneries. Je voulais pouvoir me débrouiller seule et ne dépendre de personne... Cela signifiait ne plus m'attacher pour ne plus m'effondrer quand tout se cassait la figure... Je m'étais reconstruite en cultivant des petits bonheurs qui ne dépendaient que de moi : mon école de danse, mes cours, ma petite bulle de protection... Et à ce jour, j'avais enfin trouvé une certaine forme d'équilibre, certes illusoire, fictif et précaire, mais il me permettait de tenir debout. Je ne pouvais pas me permettre de prendre le risque de tout voir s'écrouler une seconde fois. Je n'aurais pas la force de tout reconstruire... Non, je n'aurais pas la force...

— Je crois que c'est mieux si on ne se revoit pas, avouai-je enfin à Tom.

- 16 -

— Ah bon ?

Il m'invitait à développer pour connaître les raisons de cette réponse en totale contradiction avec les moments exceptionnels que nous venions de passer.

— Je suis sincèrement désolée, m'excusai-je en me redressant.

— Pas de souci, je comprends, répondit-il.

Après un blanc extrêmement gênant dans la conversation, il relança la discussion.

— Désolé, mais, en fait, non, je ne comprends pas. Je ne veux pas être lourd ou quoi que ce soit, mais j'ai juste envie de savoir et, après, promis, je te laisse tranquille. Tu as quelqu'un, c'est ça ?

— Non, répondis-je avec une certaine forme de désarroi.

Effectivement, il n'y avait personne dans ma vie depuis que j'avais compris que plonger dans les bras du premier débile capable de poser ses yeux sur moi était une très mauvaise option.

— Alors, qu'est-ce que c'est ? me demanda-t-il avec une infinie douceur tout en caressant ma joue.

Sentant poindre les larmes, j'intervins.

— Ne fais pas ça, s'il te plaît.

— Quoi « ça » ?

— Tu sais bien, être aussi doux, aussi gentil, aussi attentionné, aussi bon amant, aussi drôle, tu vois, « tout ça ».

Avant de répondre, il se mit à rire.

— Eh alors, ce n'est pas bien ? Tu préférerais que je sois un gros connard ?

— Oui, je préférerais, oui, répondis-je sans en penser le moindre mot.

— Regarde-moi, Nina, implora-t-il en caressant le bas de mon visage.

Alors que mes yeux étaient rivés au sol, je restai immobile, le visage et les poings serrés.

— Ah, t'es en train de bouder, c'est ça ? déduisit-il. Tu refais ton koala boudeur ?

— Mais n'importe quoi ! protestai-je sans pouvoir m'empêcher de rire.

Satisfait de lui, il saisit mon visage entre ses mains, posa un baiser sur mes lèvres et ajouta :

— T'es nettement plus jolie quand tu souris, Nina Lelouch.

— Arrête !

Je fis mine de râler au moment où il se rapprochait tout doucement de moi. Alors qu'il enroulait un bras autour de mon épaule, il réitéra sa question.

— Alors, mademoiselle Nina Lelouch, pourquoi n'avez-vous pas envie qu'on se revoie ? chuchota-t-il en caressant ma main.

Face à tant de douceur et de bienveillance, je ne pus retenir mes larmes pourtant assez dociles depuis le début de la soirée.

— Mais tu pleures ? s'inquiéta-t-il au moment où il s'en aperçut.

— C'est rien, c'est rien, minimisai-je.

— Non, ce n'est pas rien. Dis-moi ce qu'il y a ?

— Rien, je te promets.

— Ah, oui, c'est vrai que tu as l'air au top de ta forme. Je ne t'ai jamais vue aussi épanouie et bien dans ta peau !

Sa remarque m'arracha un sourire.

— C'est un truc inavouable, c'est ça ? Tu tues tes amants après avoir couché avec eux et, là, tu es perturbée parce que tu te rends compte que tu m'aimes bien et tu te demandes ce que tu vas bien pouvoir faire de moi. Me tuer ou… me laisser partir ? T'es prise dans ce sacré dilemme et tu ne sais pas comment t'en sortir. C'est ça ?

— Mais où tu vas chercher tout ça ? demandai-je, déroutée par son imagination débordante.

— Ah ! Tu vois, je t'ai fait rire.

— Oui, avouai-je. Parce que c'était le but ?

— Bien sûr !

— T'es complètement givré, mais c'est vraiment trop… adorable.

— T'es sûre, tu ne veux pas qu'on se revoie à Paris ? Parce qu'on s'entend plutôt bien tous les deux, non ?

La douceur avec laquelle il enveloppa sa pugnacité me donna envie de relâcher un peu la pression.

— C'est pas ça, c'est juste que… je n'ai pas envie d'une relation. Se revoir tous les deux, se donner rendez-vous, passer du temps ensemble, tout ça… Je pense que ce n'est pas une bonne idée.

— Je ne comptais pas te demander en mariage, tu sais. C'est pas parce qu'on est allés à un mariage ce soir que je voulais en faire autant…

— Je sais bien, répondis-je sans pouvoir m'empêcher de rire.

Décidément, cet homme avait l'art de dédramatiser n'importe quelle situation et c'était vraiment irrésistible.

— Je voulais commencer par un PACS, symbole de notre engagement et de la longévité de notre union.

— Oh ! Tu vas arrêter, oui ?! râlai-je avec humour.

— Pas tant que tu ne m'en auras pas dit un peu plus.

Je pris une profonde inspiration, suivie d'une expiration encore plus longue. Je réitérai ce geste plusieurs fois d'affilée pour me donner le courage qui me faisait défaut. Les doutes que j'avais à son égard, concernant les stéréotypes liés à son métier et la crédibilité de son discours et de ses actes, étaient en train de se dissiper. Même si ces quelques heures étaient complètement incroyables et hors du temps, je ressentis l'envie de lui faire confiance.

— En fait, c'est juste que je n'ai plus trop confiance. Ça n'a rien à voir avec toi, hein, mais c'est comme ça, m'excusai-je en levant les bras au ciel.

— On t'a fait du mal, c'est ça ?

— On peut dire ça comme ça, oui, confirmai-je en laissant couler mes larmes.

— Tu veux en parler, danseuse ? Tu peux tout me dire, je ne te jugerai pas, tu peux me faire confiance. Tu peux me faire confiance, répéta-t-il après une petite pause.

— C'est juste que… j'étais heureuse et, du jour au lendemain, plus rien, répondis-je, perdue dans le souvenir des yeux de ma mère.

Je repensai à ses encouragements pour que je fasse de la danse mon métier. La danse nous réunissait tellement… Elle était si fière de moi ! Elle racontait à tout le monde les prix que je gagnais gamine avec des demi-pointes dans les yeux. Désormais, je paierais cher pour revoir les étoiles scintiller dans ses yeux et entendre son rire à nouveau. D'ailleurs, elle aurait adoré l'humour de Tom ainsi que sa propension à raconter tout ce qui lui passait par la tête, songeai-je avec une pointe d'amertume.

— C'est pas parce que quelque chose s'est mal déroulé, que ça va forcément se reproduire… Et puis, je pense qu'on est assez adultes et matures pour prendre nos responsabilités. Si on n'a plus envie de passer du temps ensemble, on est capable de se le dire simplement et d'en parler sans se faire trop de mal, enfin, j'imagine.

Touchée par ses propos, je ne sus quoi répondre. Ce qu'il racontait était cohérent et pertinent, nous n'étions pas obligés de nous faire du mal.

— Je... je... je ne sais plus, avouai-je, un peu perdue.

Je ne voulus pas lui dévoiler que j'avais trop peur de m'attacher à lui et de m'effondrer encore une fois.

— Tu peux me faire confiance, répéta-t-il avec du sucre dans la voix.

— Merci, répondis-je, délestée d'un énorme poids.

- 17 -

Son invitation à lui faire confiance semblait avoir trouvé une forme d'écho au fond de moi. Aussi fou que cela puisse paraître, j'avais envie de le croire et de me laisser aller. J'étais fatiguée de constamment me battre et de vivre loin des autres et de la vie qui passe. J'avais besoin de baisser les armes, de souffler un peu, d'être écoutée, considérée, regardée avec admiration. Me sentir choyée, aimée, importante, belle me manquait. Même si c'était complètement dingue et difficile à concevoir, cet homme m'aidait à me sentir unique et spéciale. Dans ses bras, j'étais bien, forte, en sécurité. C'était peut-être dangereux de m'exposer ainsi, mais j'avais envie de prendre ce risque.

Aussi, je transformai ma réponse négative en une ouverture.

— On verra bien, osai-je répondre.

Même si j'en étais à l'initiative, j'étais impressionnée par ce changement de cap imprévu. Pour sa part, il sembla satisfait de pouvoir s'accrocher à cet espoir qui sonnait comme une possibilité. Alors que l'horloge de sa montre ne cessait de gambader et de nous voler de précieuses minutes, il commença à aborder des sujets pratiques.

— Dans quelques heures, j'ai mon train.

— Je sais, oui, répondis-je avec une pointe de tristesse.

— Tu veux que je te ramène chez toi avant de filer rendre ma voiture de location ?

— Oui, ça me paraît bien. Ça ne te dérange pas ?

— La seule chose qui me dérange, c'est de ne pas pouvoir rester un jour de plus avec toi. Ma mère va me tuer si je ne fête pas Noël en famille.

— Ah oui ! Tu ne peux pas faire ça à ta maman, ajoutai-je, le cœur lourd.

— T'aimes bien, toi, Noël ?

— C'est une institution. On ne peut pas déroger aux fêtes de Noël, éludai-je, l'estomac sens dessus dessous.

— Tu sais, danseuse, même si je ne relève pas, je vois bien que tu as du mal à parler de toi et de ta famille.

— Oui, osai-je avouer.

Je n'étais toujours pas prête à lui exposer ma situation, cependant, je n'avais pas envie de lui mentir non plus.

— N'hésite pas, ajouta-t-il simplement.

— Je n'hésiterai pas. Sans paraître terre à terre, je pense qu'il pourrait s'avérer opportun de mettre un réveil pour demain matin, affirmai-je pour déplacer l'attention sur un autre sujet.

— Demain matin ? Tu veux plutôt dire dans quelques heures, corrigea-t-il.

— Oui, c'est vrai, confirmai-je. Mais on devrait quand même mettre le réveil au cas où on s'endormirait.

— OK. Je vais le programmer à cinq heures trente, ajouta-t-il après réflexion. Ça va, ça ne va pas trop piquer ?

— On fera avec, répondis-je en souriant.

Rassérénée par cette conversation et ses bras chaleureux, je m'endormis contre lui quelques mots tendres plus tard. Subitement, je me réveillai en sursaut, complètement paniquée par le cauchemar qui s'était immiscé à travers mes songes. Des images de ce rêve étrange et gênant se bousculaient dans mes pensées encore pleines de sommeil. Il y avait énormément de monde autour de moi... J'étais sur une de ces énormes avenues, comme il y en a à New York, sur lesquelles déambulent des milliers de personnes pressées, stressées, occupées par leur discussion, leurs pensées, leurs téléphones. Tous ces gens semblaient se diriger vers un but bien précis, elles savaient où elles allaient. Elles étaient extrêmement élégantes et raffinées. Les hommes se promenaient en costumes et les femmes en tailleurs. Il y avait des avocats, des hommes d'affaires, des gens qui travaillaient dans la publicité, le web marketing, les médias et tous ces domaines en vogue. Je me souvenais d'avoir qualifié ces personnes de « gens qui faisaient le monde ». Sans pouvoir effectuer le moindre pas, je les regardais avec admiration et envie. J'étais en effet clouée au sol, incapable de bouger. Mes jambes ne pouvaient se lever. J'étais fascinée par le déterminisme et l'ambition de tous ces hommes et de toutes ces femmes, car, pour ma part, je ne savais pas ce que je faisais là ni où j'allais. J'étais littéralement perdue dans cette grande ville que je ne connaissais pas, immobile au milieu de tous ces inconnus. Soudain, je me rendis compte avec effroi que j'étais toute nue. Aucun tissu ne protégeait mon corps à la merci de tous. Je tentai alors de me camoufler derrière un poteau en constatant que je pouvais à nouveau bouger mes membres. Absolument rien ne dissimulait ma nudité et les passants me dévisageaient avec dégoût et mépris. Ce fut sur cette image déstabilisante et dérangeante que je me réveillai. Encore tourneboulée par ces sensations désagréables, j'ôtai le bras de Tom le plus délicatement possible et tâchai de me redresser discrètement afin de me rendre aux toilettes sans le réveiller. Mon reflet dans le miroir encaissait difficilement la fatigue de cette courte nuit, mais se portait tout de même bien mieux que si j'étais restée seule dans la maison de mes parents, conformément à mon plan. Alors que j'allais regagner ma place dans le lit, j'aperçus le téléphone de Tom s'allumer et clignoter à plusieurs reprises. Ces signaux indiquaient la réception de plusieurs messages. Piquée par la curiosité, je fus traversée par une irrépressible envie de les regarder. Sans réfléchir davantage, je me dirigeai vers son appareil, pleinement consciente de mon indiscrétion et de mon incivisme. Je m'apprêtai à m'en emparer lorsqu'il bougea. Effarouchée par le risque d'être prise en flagrant délit de voyeurisme, je rebroussai chemin. Quelques secondes plus tard, alors que j'étais toujours debout, figée sur le sol de la chambre comme si j'étais en train de jouer à « un, deux, trois, soleil », je constatai avec soulagement que Tom ronflait. Deux options s'offraient à moi. Je pouvais regagner ma place en effectuant le moins de bruit possible, ou assouvir mon envie viscérale de découvrir ses messages. Peut-être était-ce l'occasion d'annihiler mes doutes ? Me rassurer... ou, au contraire, confirmer mes inquiétudes initiales. À présent convaincue qu'il ne risquait pas de se réveiller, je me dirigeai à nouveau vers son téléphone. Je marchai sur la pointe des pieds en retenant ma respiration lorsque j'arrivai soudain à mon but. Je m'emparai du petit rectangle noir avec une légère inquiétude, les yeux rivés sur l'écran. Je n'eus besoin d'aucun déverrouillage quelconque pour lire les trois textos affichés sur l'écran.

Mon chéri, tu nous manques tellement. Je t'aime.

Première claque.

Hâte de te retrouver pour Noël.

Deuxième claque.

Le petit te réclame, tu lui manques beaucoup.

Hors combat.

Après ces trois messages explicites, je tombai sur un merveilleux portrait de famille provenant de cette même Sandrine. La photo, sublime, était posée. Le couple avait probablement dû faire appel à un photographe professionnel pour immortaliser leur bonheur familial sur papier glacé. Sur la photo, ils étaient trois. Un magnifique petit garçon les accompagnait.

K.O.

Je reposai son téléphone, beaucoup moins soucieuse de faire du bruit qu'avant la découverte de ces bombes qui venaient de m'exploser au visage. Sans période de latence, je me réfugiai dans la salle de bains et m'y enfermai à double tour. Je m'assis sur la cuvette des w.c., la tête entre les mains, dépitée. Abasourdie par les mensonges du traître au visage d'ange, je ne parvins à trouver les mots justes pour me consoler ni me donner le cran de me relever. Après un long moment passé à me lamenter et à le traiter mentalement de toutes les insultes que je connaissais, je commençai à songer à un plan et à la manière dont je devais réagir. J'imaginai plusieurs scénarios, plus grinçants les uns que les autres, puis m'arrêtai sur celui qui me sembla le plus adapté. Le constat était sans appel : ce goujat ne méritait aucune considération de ma part. Je n'allais pas m'abaisser à lui faire la moindre scène. Il n'en valait définitivement pas la peine. J'allais partir de là avant la sonnerie de son réveil, déterminée à ne pas l'affronter. Certaine qu'il s'agissait de la meilleure option, je m'accrochai à ma décision et mis tout en œuvre pour l'exécuter dans les meilleurs délais. Alors que j'avais rassemblé mes affaires et que j'étais prête à partir, je pris le risque de retourner aux sanitaires. J'ouvris ma trousse à maquillage, m'emparai de mon rouge à lèvres et écrivis en lettres capitales sur le miroir de la salle de bains ces quelques mots :

PASSE LE BONJOUR À TA FEMME ET À TON FILS.

Je commençai à écrire « CONN », mais mon rouge à lèvres, heureusement bon marché, céda et se divisa en deux parties inégales. Malgré cet incident, ce geste me déchargea d'un peu de ma colère et me soulagea en partie. Toutefois, lorsque je sortis de cette pièce et aperçus son corps à moitié nu étendu dans le lit, mon exaspération ne fit que grandir. Je le regardai une dernière fois, avec tristesse et incompréhension, haussai les épaules et ouvris tout doucement la porte de la chambre. Une fois dehors, je ne pus retenir mes larmes. Cependant, l'heure n'était pas à l'apitoiement. Son alarme s'était déclenchée et, si je voulais l'éviter, il fallait que je me dépêche.

- 18 -

Soucieuse de ne pas le croiser, j'actionnai des foulées de plus en plus rapides dans le hall de l'hôtel, remerciant le ciel d'avoir fait l'acquisition de ces chaussures dont les talons étaient minuscules, aussi douillettes que des pantoufles. Lorsque je repensai au risque de subir ses explications scabreuses, j'actionnai un sprint et empruntai les escaliers. *Je suis vraiment trop nulle ! Ça m'apprendra à me montrer moins vigilante et à faire confiance... Tu parles d'un homme sincère ! La pire des ordures, ouais ! Je me suis bien fait avoir !* songeai-je en quittant l'hôtel. Saisie par le froid glacial de l'aurore hivernale, j'enfonçai ma tête dans mon écharpe et accélérai le pas. J'allais rentrer à pied. Je reconnaissais la route, ce n'était pas très loin de chez mes parents. Il fallait simplement que je marche vite, la tête penchée vers le bas pour me protéger du froid. Les larmes qui coulaient sur mes joues se transformaient aussitôt en stalactites au contact du vent et des températures négatives. Je m'en voulus de pleurer pour ce sinistre individu. Je déplorai cette soirée à ses côtés, nos danses fébriles, ce mariage féerique, ce détour chez le propriétaire du domaine, mon changement de place dans le train, ma naïveté, ma naïveté ! répétai-je avec agacement. Évidemment que ce superbe homme de presque quarante ans était marié et papa d'un petit garçon ! Bien sûr ! C'était une évidence ! me sermonnai-je en accélérant le pas. Soudain, j'entendis mon téléphone sonner au fond de mon sac. Étant donné l'horaire extrêmement matinal, je faillis ne pas répondre, mais je songeai alors à ma meilleure amie et craignis l'annonce d'une mauvaise nouvelle. Le seul avantage, lorsqu'on n'a plus de parents, c'est qu'on ne s'inquiète plus pour eux, songeai-je en regrettant aussitôt cette remarque grinçante et stupide. Lorsque je m'emparai de mon téléphone, je m'aperçus que le destinataire était inconnu. Très vite, je compris qu'il s'agissait de Tom. Cet imposteur avait pris en photo mon numéro au moment où je l'avais transmis à Caroline. Eh oui ! Tu parles ! Il voulait me garder bien au chaud pour des rendez-vous coquins ! Sans plus attendre, je bloquai son numéro. Oust ! *Je n'ai aucunement envie de t'entendre, espèce de gros naze ! La prochaine fois, garde tes techniques de drague pour une autre nana… Non, mieux ! Garde-les pour toi et laisse les filles qui n'ont rien demandé tranquilles ! Et va t'occuper de ta femme et de ton fils ! C'est Noël, bordel, tu n'as rien de mieux à faire ?! Tu devrais être en famille à l'heure qu'il est ! T'es censé dormir auprès de ta femme, la regarder comme si c'était la huitième merveille du monde, parce qu'effectivement, elle est vraiment canon, et lui chuchoter des tas de mots doux aux creux de son oreille. Oui, c'est ça ! Exactement comme tu m'as fait toute la nuit ! Parfaitement ! Espèce d'ordure ! Si tu étais chez toi, ton gamin s'immiscerait entre ta femme et toi et se collerait à vous parce que vos corps endormis seraient chauds et réconfortants… Et vous, encore immergés dans vos songes, vous lui feriez des tas de bisous pendant qu'il vous demanderait : « Dans combien de dodos le papa Noël arrive ? » Parce que c'est ça, ta vie ! L'école primaire, le petit-déj' du gamin, les bisous du matin, le tampon « chat » de la maîtresse quand ton fils a fait l'exercice tout juste, le cartable, le doudou et l'histoire avant de dormir…* Je connais bien toutes ces choses-là, j'ai des petites princesses à l'école de danse qui, lorsqu'elles arrivent en avance, et elles arrivent systématiquement avant leur cours, me racontent leur quotidien en se glissant dans mes bras. *Et ta femme, la pauvre ?! Combien de fois l'as-tu trahie dans les bras de jeunes femmes un peu perdues rencontrées dans un train, un bar, un café ou ailleurs ? C'est sûr, la nouveauté, c'est tentant ! Ça change de ton quotidien, ça met du piment, du fun et des paillettes dans ta vie ! Et dis-moi, pendant que tu t'éclates en déplacement « professionnel », elle s'occupe de son boulot, du linge, du ménage et du petit, c'est ça ? Visiblement, tu lui manques… Et elle, est-ce qu'elle te manque ? Oui, sûrement, à ta manière ! Et sinon, tu enlèves systématiquement ton alliance quand tu es en déplacement, au cas où tu serais amené à faire des rencontres ?* La rue était toujours aussi noire et seuls quelques lampadaires l'éclairaient. Étrangement, je n'avais pas peur. La colère avait pris toute la place. Je ne ressentais même pas la fatigue de mes pas qui battaient le sol avec détermination. En effet, j'étais pressée de rentrer chez moi pour m'adonner à mon rituel de Noël. Je songeai au fait que, par sa faute, j'avais fait défaut à cette tradition funeste que je m'imposais. Par conséquent, je n'avais pas honoré la mémoire de mes parents comme je le devais… et pour ça aussi, je lui en voulais. Tout à coup, je compris l'erreur que j'avais commise. À aucun moment je ne lui avais demandé s'il était célibataire. Alors que, de son côté, il avait fait cette démarche, j'avais complètement escamoté cet élément qui me paraissait pourtant évident. Aussi, de nouvelles larmes coulèrent sur mes joues. À la différence des autres, chargées de colère, elles avaient le goût de l'acide et du désespoir.

Lorsque, après plus d'une heure de marche, j'arrivai dans la maison de mes parents, je m'écroulai sur l'immonde canapé que je me promis de changer au plus vite. Cette fois, mes pleurs purent s'évacuer bruyamment, sans crainte de déranger la moindre personne. Voilà ! Nous y étions ! Nous étions le 24 décembre et j'étais plus seule et désespérée que jamais. Je pouvais enfin m'adonner à mon rituel de Noël et je n'allais pas m'en priver.

Je dégainai ma tablette, lançai Netflix et laissai défiler les suggestions. Ces deux jours allaient être longs, j'espérai accrocher avec une nouvelle série, si possible avec beaucoup de saisons, et une suite prévue pour l'hiver prochain, à Noël. Ma vie était vraiment lamentable. *Papa, maman, est-ce que vous auriez la délicatesse, si toutefois vous en aviez le pouvoir, de mettre un peu de bonheur sur ma route ? Je ne vous demande pas tous les jours un ciel rempli d'étoiles et un parterre jonché de pétales de roses. Non. Je voudrais juste un peu de répit… et un peu de douceur. Parce que ce n'est pas que j'en ai marre, mais, quand même, je commence à fatiguer. J'en suis presque à me dire : « À quoi bon ? » À chaque fois qu'un petit truc sympa se pointe sur mon chemin, il est aussitôt court-circuité par l'annonce d'une mauvaise nouvelle, d'une catastrophe, d'une déception… Je suis fatiguée, papa, maman, je suis fatiguée,* répétai-je en boucle et en pleurs.

- 19 -

Le chauffage de la maison de mes parents s'arrêta de fonctionner, ce qui rajouta un peu plus de charme à cette fabuleuse expérience hors du temps. #Ironie. #VautMieuxRireQuePleurer. #JeSuisEnTrainDeDevenirFolleAForceDePasser-MonTempsSurLesRéseauxSociaux. #Deprime-DeNoël. Recouverte par d'immondes couvertures râpeuses à la propreté douteuse, je tentais de réchauffer mes pieds gelés qui ne parvenaient pas à réguler leur température. Je les frottais l'un contre l'autre, mais en vain. Durant ces deux jours brumeux et interminables, je m'empiffrai de vin, du supposé bonheur des autres sur Facebook et Instagram, de biscottes périmées et de toutes sortes de séries et de téléfilms. Je parcourus des posts aussi séduisants que déprimants. #PreparationDeNoël avec une photo du chapon, #MeilleurNoëlDeMaLife couplé à une photo d'enfants déguisés en petits lords, princesses et enfants modèles pour l'occasion, #MagieDeNoël agrémenté d'une tasse de chocolat fumant, de bâtonnets de cannelle et d'un livre de poche, #MerciLaVie avec une de ces photos de famille identique à celle de Tom, sa femme et leur fils. #LaDindeEstDansLeFour avec une image de ladite dinde en train d'être enfournée. #OnNAattendPlusQueLePapaNoël avec un cliché de nombreux cadeaux empaquetés. Pour ma part, si j'avais dû poster la moindre publication, elle aurait eu pour intitulé : #TouteSeuleANoël. Mais évidemment, personne ne fait ça, à part pour revendiquer un état, une attitude ou lancer une mode… Or, je savais pertinemment qu'il n'y avait rien de plus doux que fêter Noël auprès de sa famille et des gens que l'on aime. Non, on ne se vante définitivement pas d'être toute seule à Noël. Les réseaux sociaux étant trop déprimants, je me rabattis sur Netflix.

Les narcotrafiquants s'invitèrent alors dans mon salon, suivis d'attachants serial killers, d'effrayants morts-vivants et d'innocentes et naïves jeunes femmes qui étaient en réalité les héritières d'une fortune colossale. Lorsque la maison de mes parents devint trop petite pour accueillir tout ce monde bruyant et désordonné, je fermai les yeux pour plonger dans un sommeil sans rêves. Aidée par mes petits comprimés, je réussis à trouver une certaine forme de repos. Cependant, mes réveils étaient toujours un peu groggy et avaient le goût de l'échec. Évidemment, je ne pouvais m'empêcher de penser à Tom. Je repassais en boucle ces quelques heures qui contenaient plus de rires et de poésie que toutes les fictions dont j'avais pu me gaver. Je repensai au moment où il m'avait rejoint dans le bar et où nous avions commandé une gaufre aux cornichons, de la chantilly aux olives et du lait fraise, et un gloussement perça à travers mes pleurs. Tiens, j'avais oublié de rapporter le lait aromatisé pour me faire un masque de beauté ! songeai-je en souriant. Le souvenir d'Emmanuel m'arracha de nouvelles larmes, suivies de peu par des rires relatifs à la battle de hip-hop enflammée de Tom, à son bombers tête de mort, à notre visite chez le vigneron misogyne, au livre que j'avais expressément oublié sur son lavabo, à ma séance photo dénudée dans cette chambre tout droit sortie d'une autre époque. Les scènes du mariage, aussi folkloriques les unes que les autres, m'éclaboussèrent en plein visage. Malheureusement, aucune image ne me faisait défaut. Je me rappelais chaque détail parce que tout avait définitivement été parfait, divin, exquis et exceptionnel… jusqu'à la réception des messages de son épouse, songeai-je en enfonçant mon poing dans l'odieux canapé fleuri du salon.

M'étant précédemment promis de remédier à l'ameublement désuet et démodé de cette demeure laissée à l'abandon, je m'emparai de mon téléphone et surfai sur internet. Sur le même site, je trouvai de quoi équiper toute la maison. Je changeai la literie, le linge, la vaisselle, l'ensemble du mobilier (canapé, table à dîner, table basse et meuble télé) ainsi que tout un tas d'objets décoratifs remplis de charme. Il était grand temps que je m'occupe de cette propriété et que je commence à investir les lieux. Après tout, n'était-ce pas Noël ? Eh bien, voilà mon cadeau ! Je n'avais besoin de personne pour être gâtée, songeai-je avec un bref regain d'optimisme. Je tentai de me donner du courage avec des expressions toutes faites telles que : *il vaut mieux être seule que mal accompagnée, on n'est jamais mieux servi que par soi-même, ainsi va la vie, tout arrive à point à qui sait attendre*. Je commençais clairement à divaguer… *Le bonheur n'est pas au sommet de la montagne, mais dans la façon de la gravir. L'échec est le fondement de la réussite*. Tu parles ! Quelle réussite ?! Je ne voyais pas la moindre trace de réussite autour de moi ! *Le succès, c'est d'aller d'échec en échec sans perdre son enthousiasme*... Merci, Churchill, mais c'est quand même beaucoup plus facile à dire qu'à faire ! *Les échecs font partie de la vie, si tu n'as jamais échoué, tu n'as jamais appris, si tu n'apprends jamais, tu ne changeras jamais !* À ce niveau-là, aucun problème, je connaissais bien l'échec, j'étais même experte en la matière. En avais-je tiré des enseignements ? Il était trop tôt pour se prononcer, ou trop tard... Effectivement, ma montre affichait plus de trois heures du matin et il était temps que je dorme un peu, d'autant plus que mes idées n'étaient plus très claires, la faute aux pleurs, à mon esprit ramolli par toutes ces fictions et abruti par ce temps passé à flâner sur les réseaux sociaux, la faute aux échecs... Oui, la faute aux échecs, répétai-je en avalant mon somnifère. C'était fort heureusement ma dernière nuit. Même si mon train ne partait qu'en fin de matinée, je programmai tout de même mon réveil, il était hors de question que je le rate et prenne le risque de rester là un jour de plus.

- 20 -

Le lendemain matin, je me levai avec une sérieuse migraine, reflet des mauvais traitements que je m'étais imposés tout le week-end. Ensevelie sous plusieurs couches d'un épais brouillard, j'avais du mal à émerger et mes mouvements étaient maladroits, mal assurés et empotés. Mon cerveau tournait au ralenti. Or, j'avais besoin d'un peu de forces pour donner un coup de propre à cette maison. Je ne pouvais pas laisser moisir les tasses dans l'évier et partir toute une année sans nettoyer. Soudain, je me souvins de la commande passée la veille et me rendis compte que j'allais devoir revenir pour la livraison. Oh, mince ! Qu'avais-je encore fait ?! On ne réfléchit jamais correctement lorsqu'on est sous l'empire d'un trop-plein d'écrans, de somnifères et d'alcool, songeai-je en avalant un comprimé de paracétamol. Étant donné le piteux état dans lequel je me trouvais, la somme de travail que j'avais à entreprendre et le peu de temps dont je disposais avant le départ de mon train, je compris que j'avais besoin de quelque chose de drastique.

Aussi, je me dirigeai vers la salle de bains et, sans me laisser la possibilité d'hésiter, je me glissai sous un filet d'eau glacée. Je ne pus m'empêcher de lâcher des soupirs tant la température était gelée. Lorsque je coupai le robinet, je lâchai un dernier cri, cette fois de soulagement. D'emblée, je ressentis l'effet bénéfique de cette pratique. Contrainte de me dépêcher pour me sécher et m'habiller, je sortis aussitôt de mon état confus. Revigorée par un flux d'énergie nouveau, je me sentis capable de soulever des montagnes. Shootée à l'adrénaline, je briquai d'inaccessibles carreaux de salle de bains, nettoyai des vitres qui allaient pourtant se salir aux premières pluies, astiquai l'intérieur des placards… Lorsque, sans ressentir la fatigue, je m'interrompis pour boire un verre, je m'aperçus que la maison n'avait jamais été aussi propre et que c'était fort agréable de pouvoir l'admirer ainsi. J'avais réalisé toutes ces tâches avec une rapidité déconcertante. Aussi, je n'étais pas stressée pour me rendre à la gare. Je regroupai l'ensemble de mes affaires, fis un dernier tour de chaque pièce, excepté la chambre de mes parents, éteignis le frigo, débranchai les compteurs, et partis. Une fois la porte fermée, je me fis la promesse de revenir plus souvent chez moi afin de mieux m'occuper de mon héritage.

Arrivée en avance à la gare, je m'offris un petit déjeuner complet, constituant le premier vrai repas que j'ingurgitai en quatre jours. Mon estomac, plus habitué à travailler, se retrouva déstabilisé, et néanmoins heureux. Après cela, je m'équipai en livres de poche et magazines, compostai mon billet et filai attendre sur le quai, la tête plongée dans mes pensées. Mes écouteurs diffusaient le dernier album de The Weeknd, et, afin de me glisser confortablement dans ma bulle, je m'installai sur un banc et fermai les yeux, me coupant ainsi du bruit de la gare et du brouhaha des voyageurs. Soudain, je sentis une main se poser sur ma jambe.

— C'est toi, Nina ? Je suis si content de te retrouver, s'emballa Tom en me prenant aussitôt dans ses bras.

Vite, une douche froide.

J'avais besoin d'une autre douche froide.

- 21 -

— Mais qu'est-ce que tu fais là ? lui demandai-je en le repoussant. T'es pas à Paris avec ton fils et ta femme ? Écoute, tu sais quoi ? Ça m'est égal, ne me réponds pas. Je ne veux pas savoir, je ne veux plus te voir, répondis-je en me levant.

Je marchai alors le long du quai pour me défaire de cette présence que je voulais fuir.

— Nina ! Nina ! l'entendis-je m'interpeller.

Je me tournai, me retrouvai face à son irrésistible sourire et décidai de couper immédiatement toute velléité de discussion.

— Écoute-moi bien, monsieur le mytho, je n'ai pas envie d'entendre la moindre de tes explications, lâchai-je en me retournant. Ça ne m'intéresse pas ! JE NE VEUX PAS SAVOIR ! Ah oui, je ne veux plus te voir non plus ! Alors, va vite voir un de tes clients dans un endroit cosy et romantique à souhait, et fiche-moi la paix une bonne fois pour toutes !

— Mais, Nina, je n'ai aucun…

— Hep, hep, hep ! Stop ! Laisse-moi, criai-je en lui tournant le dos et en longeant à nouveau le quai.

— Accorde-moi au moins cinq minutes ! tenta-t-il de négocier.

— Même pas en rêve !

— Trois !

— Laisse-moi maintenant ! criai-je. Tu comprends le français ?

— Je ne partirai pas tant que je ne t'aurai pas parlé.

— Si tu ne pars pas, je hurle.

— Eh bien, hurle si ça te fait plaisir !

— Attention ! Je vais hurler des trucs pas très cool à ton sujet. Genre « aidez-moi, cet homme me persécute », « cet homme me harcèle moralement, j'ai besoin de vous ! », « au secours ! ».

— Mais c'est n'importe quoi ! Tu ne peux pas faire ça !

— Au secours ! commençai-je à crier pour lui montrer que j'en étais tout à fait capable.

Aussitôt, plusieurs regards se posèrent sur nous.

— Non, ne fais pas ça, Nina !

— Au secours ! répétai-je pour lui prouver ma détermination.

Cette fois, un couple s'approcha tout doucement de nous.

— Est-ce que tout va bien ? osa demander le monsieur d'une soixantaine d'années.

— Nina ! Tu me fais passer pour un fou, là ! râla Tom.

— Ça va ? insista le monsieur.

Soudain, je constatai que cette situation pouvait vite mal tourner. Outre mon discernement et mon bon sens, quelque chose était en train de m'échapper. Si je poursuivais dans cette voie, Tom risquait de gros soucis judiciaires. Très vite, il pouvait se retrouver accusé de harcèlement… et moi, j'aurais du mal à m'en sortir si j'avouais qu'il s'agissait d'une blague ou d'un mensonge. Je pourrais même être conviée à passer un petit séjour à l'hôpital psychiatrique.

— Oui, ça va, avouai-je au monsieur inquiet.

— Vous êtes sûre ? Parce que ça n'a pas l'air d'aller fort. N'hésitez pas s'il y a quoi que ce soit.

— Promis, monsieur. Tout va bien. J'ai dit ça pour rire.

— Vous ne devriez pas rigoler avec ces choses-là, me prévint-il gentiment.

— Je sais, répondis-je, honteuse et confuse, pleinement consciente de ma bêtise. Désolée.

— Bon… dans le doute, on n'est pas loin. On ne sait jamais, affirma-t-il en prenant la main de sa femme.

J'eus juste le temps de le remercier avant qu'il ne fasse demi-tour.

— C'est bon ? Je peux te parler sans que la police débarque ?

— Ah ! Ah ! Ah ! Très drôle ! ironisai-je.

— Bon, je ne te sens pas hyper patiente, alors je vais faire vite. CE N'EST PAS MA FEMME ET CE N'EST PAS MON GAMIN, dit-il au moment où le train était prêt à nous accueillir.

Sans prendre la peine de lui répondre, je montai dans le T.G.V. et commençai à chercher mon wagon, persuadée qu'il me suivait. En effet, je sentais sa présence partout autour de moi… Lorsque je trouvai enfin ma place, je m'y installai. Absolument pas découragé, il prit place en face de moi et poursuivit.

— Je te disais donc que ce n'est ni ma femme ni mon fils.

— Hum, hum, répondis-je sans le regarder, la tête penchée sur le côté.

— Nina, regarde-moi.

Imperturbable, je restai de marbre.

— S'il te plaît, implora-t-il avec une douceur qui manqua de me faire craquer.

Résolue à ne pas céder, je tins bon. Pugnace, il changea de tactique.

— Si tu ne me regardes pas, je crie !

Encore échaudée par la scène sur le quai, je n'eus aucunement envie d'attirer l'attention d'autres voyageurs.

— Je n'ai pas envie de te regarder, mais tu peux parler, si tu veux, répondis-je en songeant qu'il n'avait probablement aucun titre de transport.

— C'est mon ex, et c'est son fils. Archie. Il est trop cool, ce gamin. Je l'adore, ce gosse, mais ce n'est pas une raison suffisante pour rester avec elle. Je dis ça parce que ça m'a fendu le cœur de ne plus le voir lorsqu'on s'est séparés. Elle sait parfaitement que je suis hyper attaché au petit, c'est pour ça qu'elle m'envoie une photo de lui, tu comprends ? Le truc, c'est qu'elle ne veut pas comprendre que c'est fini. Il n'y a rien à faire, elle ne veut pas l'entendre. C'est pas la première fois qu'elle me fait ce genre de plan. Elle me fait même souvent le coup. Je me dis qu'elle fait ça pour essayer de raccrocher quelque chose. Mais en fait, ça produit l'effet inverse, ça m'éloigne à chaque fois un peu plus d'elle. Elle se comporte comme si on était encore ensemble. Elle fait comme si de rien n'était. C'est son truc de faire ça, d'envoyer des photos du petit, de lui demander de me laisser des messages sur mon répondeur stipulant que je lui manque...

Son histoire paraissait possible. Toutefois, je n'étais pas sans savoir que les meilleurs menteurs étaient capables de faire avaler n'importe quoi à leurs proies. Je devais me méfier de son histoire rocambolesque.

— Tu racontes vraiment très bien les histoires, commentai-je finalement.

— Mais ce ne sont pas des histoires ! se justifia-t-il en levant les mains. Tiens, regarde !

Il me tendit son téléphone.

— Non, merci, ça ira, répondis-je en repoussant sa main.

J'avais déjà fait preuve de voyeurisme une première fois en lisant ses messages, je ne souhaitais pas tomber dans cet écueil.

— OK, très bien, répondit-il, je vais te lire les messages que nous avons échangés. Je pense que tu te souviens très bien de celui qu'elle m'a envoyé en pleine nuit. Voici ma réponse :

Arrête avec les photos, les textos, les mots d'amours comme si on était encore ensemble. C'est fini ! Terminé ! On ne se remettra plus jamais ensemble.

— Et voilà ce qu'elle m'a répondu :

Mais, mon cœur, pourquoi dis-tu ça ? On t'attend, on va partager un bon repas de Noël tous ensemble ! Rentre vite à la maison, mon amour, je t'aime fort, mon trésor.

— Tu vois bien qu'elle est folle ? Elle s'invente des histoires ! commenta-t-il en me brandissant le téléphone sous les yeux.

À quelques centimètres de mes yeux, je ne pus faire autrement que lire leurs échanges de textos. La réponse de Tom fut d'ailleurs sans appel.

Il faut vraiment que tu ailles voir un psy. C'est fini et je ne reviendrai pas. Oublie mon numéro. Oublie-moi, passe à autre chose. Je vais appeler ta mère et ta sœur si tu continues. Arrête, Sandrine. Vraiment.

S'ensuivait une avalanche de textos de son ex-compagne, dans la même veine que les précédents, auxquels Tom n'avait pas pris la peine de répondre.

— Tu me crois maintenant ?

— Ça ne prouve rien ! Il existe des tas d'applis qui imitent des conversations téléphoniques ! inventai-je. Si ça se trouve, tu en as téléchargé une et le tour est joué !

— Mais je ne savais même pas que ça existait ! se défendit-il. Au fait, t'as donné un faux numéro à la mariée ?

— Non, pourquoi ? demandai-je en feignant l'étonnement.

— Oh ! Ben, parce que j'ai essayé de t'appeler plein de fois, mais, bizarrement, je tombais systématiquement sur ton répondeur. Pas cool de m'avoir bloqué ! Ah ben, tiens, là encore je peux te lire les textos.

Nina, ça n'a rien à voir avec ce que tu crois. C'est mon ex qui ne veut pas entendre que c'est fini. Ça fait des mois qu'on n'est plus ensemble.

Tu peux répondre à mes appels ? J'aimerais bien qu'on parle.

Allez ! Arrête de faire ton koala boudeur. ☺

Je te jure qu'à aucun moment je ne me suis moqué de toi.

Je ne suis avec personne, crois-moi. C'est mon ex qui se raconte des histoires toute seule et qui y croit. J'en peux plus de cette fille !

Je t'attends à la gare. Viens ! Mon train est déjà parti. J'ai racheté un billet pour quinze heures, c'est le max que je pouvais faire, sinon je vais rater le repas de Noël.

Nina, tu es là ?

Allez, viens !

Ne fais pas ta forte tête !

Sérieusement, on a passé une super soirée, c'était vraiment génial de te rencontrer et de faire toutes ces choses un peu folles avec toi. J'ai vraiment envie de te revoir. Je n'ai pas triché, tout était sincère.

Bon, ben, t'es pas venue, je suis dégoûté… Je suis obligé de monter dans le train. Je sais que tu rentres le vingt-six, je serai à la gare dès le premier train pour te voir.

Joyeux Noël, danseuse.

J'ai montré mon bombers à mes neveux : ils sont fans !

Hâte de te voir et de te donner ton cadeau, je serai là le vingt-six.

Repas fini, je vais dormir dans ma chambre d'ado… Je suis en dépression : ma mère a enlevé mes posters de Yasmine Bleeth et de Vanessa Demouy et les as remplacés par des tables d'addition et de multiplication de mes neveux !

Franchement, c'est sympa de lire tes messages, mais t'as peut-être pas besoin de développer autant. Les textos de trente lignes, ça va cinq minutes. Synthétise !

Bon, sinon, comme je te le disais, je serai à la gare demain matin pour te voir.

Il lut tous ces messages d'une traite, sans me laisser le temps de douter de sa sincérité. Au contraire, j'étais tour à tour séduite, charmée, amusée… Et puis… j'étais surtout scotchée par le fait qu'il avait repoussé son billet le vingt-quatre ainsi que par sa présence matinale à la gare. Sa détermination n'était plus à prouver.

— T'es là depuis cinq heures du matin ?

— En fait, depuis hier soir, je n'ai pas voulu prendre le risque de te louper.

— Désolée, j'ai choisi un retour en fin de matinée.

— T'aurais pu prendre dans la soirée, je n'ai pas trop à me plaindre, déclara-t-il en souriant.

— Tu… Je… Enfin… c'est vraiment cool ce que t'as fait pour moi, affirmai-je après une longue hésitation.

— Et attends, t'as pas encore vu mon cadeau de Noël ! J'ai essayé d'être à la hauteur de ton bombers.

— Je n'en doute pas. J'ai hâte de voir ça !

— Sans rire, j'avais vraiment envie de te revoir, ajouta-t-il plus sérieusement, avec une certaine forme de gravité dans le regard.

— En tout cas, c'est vraiment super que tu sois revenu, rétorquai-je en sentant virevolter des centaines de papillons dans tout mon corps.

— Tu sais, je n'ai jamais voulu te faire de peine.

— Merci, répondis-je en sentant poindre mes larmes.

— Tu me crois maintenant ? me demanda-t-il en prenant ma main.

— Je crois, oui.

— Bien. C'est une bonne nouvelle.

Le train était toujours en train de se remplir. Une dame âgée s'était installée à côté de nous, des enfants se disputaient, des contrôleurs discutaient sur le quai... Malgré la présence du monde et du bruit, j'avais l'impression que nous étions seuls au monde. J'avais envie de l'embrasser, de le déshabiller et de lui montrer combien tout mon corps le désirait.

— On fait quoi maintenant ? demandai-je un peu bêtement.

— Ce que tu veux, répondit-il en s'approchant de moi.

Il m'embrassa d'abord sur la joue et sur la bouche avant de me prendre dans ses bras.

— Tu m'as manqué, glissa-t-il au creux de mon oreille.

— Toi aussi, soufflai-je à mon tour. Toi aussi. Toi aussi.

— T'es toujours en colère ? me demanda-t-il en resserrant son étreinte.

— Non, ça va beaucoup mieux, répondis-je en l'embrassant. Ça va mieux dès que je suis avec toi dans un train.

— Qu'est-ce qu'on fait ? questionna-t-il à son tour.

À ce moment-là, la réponse me parut évidente.

— Ça te dit de sortir de ce train en courant et de passer quelques jours à Aix ? On pourrait aller voir Cassis, *faire une virée à deux* et s'incruster à un autre mariage ! lui proposai-je, émue, en songeant que la maison de mes parents allait enfin abriter des rires, de la magie et un peu de folie.

— Je ne vois pas de meilleur programme possible ! répondit-il en déposant un baiser sur mes lèvres. Il y a juste un petit souci.

— Lequel ?

— On a moins de deux minutes pour sortir de ce train avant qu'il ne démarre !

Je le regardai avec d'immenses yeux, prête à relever ce nouveau défi… et tous les suivants. *Merci, papa et maman, j'ai l'impression que le bonheur est en train de me faire de l'œil. Cette fois-ci, je sens que ce n'est pas du toc, je sens que ça va aller.*

— C'est parti ! lançai-je en riant. On y va ? le défiai-je en me levant.

Bien sûr, je ne pouvais pas savoir à l'avance où nous mènerait cette course, mais j'avais envie d'y croire et de… foncer. Avec Tom, j'étais certaine de découvrir de nouveaux horizons, de ne jamais m'ennuyer, de côtoyer de près les étoiles et les coquelicots.

— Go ! répondit-il en nous précipitant vers nos nouvelles aventures.

- Épilogue -

Lovée dans les bras de Tom, je savourais la douceur de ses mains qui caressaient le sommet de ma tête. Il faisait glisser ses mains sur moi avec une infinie douceur et, de mon côté, je ne me lassais pas de ses baisers, de ses caresses et de ses câlins.

— Quelque chose te ferait plaisir pour ce soir ?

— Oh oui ! J'aimerais bien aller au marché provençal, acheter plein de légumes et faire une ratatouille ensoleillée, répondis-je avec enthousiasme.

— Eh ben... Tu sais vivre dangereusement !

— Oh ! Arrête de te moquer de moi, affirmai-je en riant.

— Je t'ai connue un peu plus fun, Nina Lelouch ! La Nina que je connais est capable de s'incruster à un mariage d'inconnus et de devenir amie avec la mariée.

— Ah oui ! J'ai oublié de te dire ! Je les ai invités demain soir.

— Cool, on va rigoler. T'as des nouvelles de la bande ?

— Oui, tout le monde va bien.

— Oh ! Oh ! Attends, t'as carrément détourné mon attention, là… J'étais en train de te demander si t'avais une idée un peu plus fun que ta ratatouille.

— Il se pourrait bien, affirmai-je avec un air mystérieux.

— Vas-y, je t'écoute, demanda-t-il avec intérêt.

— Non ! Pas avant qu'on se fasse un loup glacé.

Soudain, ses yeux s'illuminèrent. Il bondit du canapé, se frotta les mains et affirma :

— C'est toi, le loup. On a le droit de se percher sur toutes les chaises, le canapé, le lit ! Ah oui, j'oubliais, la baignoire, la cuvette des toilettes aussi ! ajouta-t-il, excité comme un gamin.

— Mais je ne vais jamais t'attraper !

— OK ! On enlève la baignoire ! T'as de la chance qu'il fasse aussi froid, sinon t'aurais eu le jardin. Je suis gentil, je t'épargne l'extérieur.

— Tu parles !

— Bon, t'es prête ?

— On va dire que oui !

— Tu veux un peu t'étirer avant ?

— Ah ! Ah ! Très drôle !

— Ne rigole pas, je vais faire quelques pompes avant ! Vaut mieux être échauffé !

— Allez, Tom ! Arrête de faire le pitre, l'invectivai-je en riant.

— Cent vingt-trois, cent vingt-quatre, cent vingt-cinq, cent vingt-six, commenta-t-il en exécutant sa petite série.

Cette fois, je riais aux éclats, embarquée par cet enfant de presque quarante ans qui n'avait jamais perdu son âme d'enfant. Parfois, je comprenais pourquoi sa sœur l'avait surnommé « el diablo ». Lorsqu'il était pris dans le jeu, plus rien ne l'arrêtait. Il ne ratait jamais une occasion de rebondir sur une blague, multipliait les jeux de mots, les traits d'humour, les idées farfelues, les défis déjantés. Je savais qu'il ne pourrait pas résister à un « loup glacé », pas plus qu'à n'importe quelle proposition insolite. Je fis mine de m'impatienter :

— Bon, on y va ?

— OK, tant pis pour toi si tu ne veux pas échauffer tes muscles. Il ne faudra pas venir pleurer si après t'as un claquage !

— Tom ! le rappelai-je à l'ordre en riant.

— Et dire qu'à Paris, tu tortures tes élèves avec tes « échauffements ». *Allez, on tire, on tire, on tire. On y va à fond, on touche les genoux avec ses mains ! Allez, on touche ses pieds ! Et on tend !* ajouta-t-il en criant.

— Très mauvaise imitation ! rétorquai-je en riant.

— Bon, t'es prête !

— Ça fait environ vingt minutes !

— Vas-y, fais ton intéressante. Pas de problème ! Allez, je pars en premier. Tu comptes jusqu'à cinq et tu me suis !

— OK, capitulai-je en souriant. Un, deux, trois, quatre...

Bientôt, j'allais ponctuer mes foulées de rires déchaînés. Ce n'était plus un vague projet utopiste. Désormais, cette maison abritait effectivement des rires, des joies, un vent de folie et d'insouciance. C'était une maison qui vivait et c'était le plus beau cadeau que je pouvais faire à mes parents. Mes parents me manquaient toujours beaucoup, mais, au lieu de m'engloutir dans la peine, je conservais nos jolis souvenirs comme autant de précieux trésors que je chérissais au fond de mon cœur. Je ne pouvais m'empêcher de penser qu'ils étaient heureux pour moi, et cela me mettait un peu de baume au cœur.

— Bon... tu viens ? Tu rêves ou quoi ? me demanda Tom, impatient.

Oui, je rêvais. Je rêvais à mon passé, mon présent, mon futur proche. Je rêvais de cet homme complètement dingue, en pyjama dans mon salon.

— Bien sûr que je rêve ! Pourquoi, je n'ai pas le droit ? C'est interdit dans cette maison ? blaguai-je.

— Tu as tous les droits ! Mais si tu ne viens pas m'attraper tout de suite, c'est moi qui vais le faire et, attention, je suis un vilain méchant loup !

— Mais tu dis vraiment n'importe quoi ! rétorquai-je en courant comme une furie après lui.

Très vite, les cris fusèrent. Les bousculades, les rires et les halètements suivirent. Il réussit à se hisser sur toutes les chaises de la maison et le canapé sans que je l'attrape. Lorsque, après un sprint effréné, il arriva sur le lit, je ne pus m'empêcher de le rejoindre. Hors d'haleine, nous nous faisions face et attendions de voir lequel d'entre nous allait céder en premier. Je savais qu'il détestait perdre, aussi, je pris les devants.

— C'est bon, tu as gagné ! Je suis toute à toi ! affirmai-je dans un soupir, prête à me jeter dans ses bras.

— Non, trop facile ! Interdiction d'user de tes charmes ! On se fait un deuxième round et, seulement après, je m'occupe de toi. Il est hors de question de jeter l'éponge si vite ! lança-t-il en descendant du lit. Je t'ai connue plus combative, mademoiselle Nina Lelouch.

Je le regardai courir dans le couloir en me disant que, pour sauver mon honneur, je devais l'attraper au moins une fois. J'y employai toutes mes forces, vainement. Au bout d'un moment, fatiguée par toutes ces foulées, je l'attendis dans la chambre. C'était peut-être une forme d'abandon, mais j'étais à bout de forces… en tout cas pour ce petit jeu-là. Pour le reste, avec lui, il me restait toujours un peu d'énergie. Je commençai par ôter mon bas de jogging, puis mon pull, et enfin mon tee-shirt et mon soutien-gorge. Lorsqu'il arriva, j'étais debout sur le lit en culotte. Je le regardai droit dans yeux, enlevai le tissu qui me restait délicatement, et le lui lançai. Ma petite culotte atterrit sur sa tête, et, heureuse d'avoir bien visé, je le regardai en souriant, les bras grands ouverts et un pied pointé posé sur l'autre.

— T'es sûr que tu veux encore jouer ? lui demandai-je en souriant.

Sans me répondre, il ôta son tee-shirt et le reste de ses vêtements et se dirigea vers moi. Son regard en disait long sur ses intentions. Il monta sur le lit et s'approcha tout près de moi. Je le regardai en le trouvant encore plus beau que la première fois que je l'avais rencontré, plus drôle et plus imprévisible.

Nos radis sur lit de confiture et nos olives à la chantilly n'étaient qu'un échantillon du tourbillon de folie qui nous avait emportés jusqu'alors, et qui allait nous parachuter vers d'autres aventures encore plus folles et savoureuses. Soudain, je n'eus plus le loisir de réfléchir à tout cela. Il était déjà en train de m'embrasser. Sa bouche était à la recherche de la mienne avec fougue et passion. Nos lèvres se tamponnèrent, nos langues s'entremêlèrent et nos mains passèrent de nos nuques à nos crânes, de nos dos à nos fesses. Je sentais la présence de ses mains et de son souffle partout sur moi. Alors que ses lèvres s'emparaient de mon cou et de mes oreilles, il me souleva, m'assit autour de sa taille et me plaqua contre le mur de la chambre que nous avions récemment repeinte en bleu pétrole. Sans cesser de m'embrasser, il poursuivit ses caresses sur l'ensemble de mon corps, me parachutant dans un tourbillon de plaisir.

Un moment plus tard, nous étions allongés dans les bras l'un de l'autre, repus, à bout de souffle et encore ivres d'amour.

— Alors, tu trouves que je suis toujours plan-plan avec ma ratatouille ?

— Tu n'es définitivement pas plan-plan... et tu viens de me le prouver. Exit la ratatouille ! On la reporte à un autre jour. Et pour ce soir ? Vas-y, danseuse, fais-moi rêver.

Danseuse, ce surnom me faisait toujours autant d'effet. Quand je l'entendais, le monde pouvait s'arrêter de tourner. Aussi, même si ce n'était qu'une expression, j'eus envie de le faire rêver.

— Ça te dirait qu'on prenne la voiture et qu'on roule n'importe où ? Qu'on parte à l'aventure… On va là où le vent nous mènera. On se laisse guider par nos envies ! Un bon petit *road trip*, juste toi et moi ! proposai-je, fière de ma trouvaille.

— Top ! Ça va être super ! s'enthousiasma-t-il.

— Ouais, on va s'éclater, confirmai-je.

— Je suis super content à l'idée de partir. Vraiment… mais t'es sûre que ça va aller ? me demanda-t-il avec un voile d'inquiétude logé au creux de sa voix.

Je savais où il voulait en venir. Nous étions le dix-neuf décembre. Il était évidemment au courant de mon rapport particulier à Noël et à tout ce que cette fête représentait pour moi.

— Oui, je crois que ça va aller, répondis-je en toute sincérité. Ça va mieux maintenant. Je gère mieux tout ça.

— T'es sûre ?

— Ouais. Enfin, c'est sûr que je ne suis pas encore prête à m'habiller en mère Noël, à chanter

Jingles Bell avec la chorale du quartier, à courir dans les magasins blindés pour dénicher des cadeaux à tout le monde.

— Elle est parfaite, ton idée de se fabriquer des cadeaux, intervint Tom.

— Ouais… on va dire ça.

— Attends, je suis hyper content de recevoir un bracelet en coquillettes ! blagua-t-il.

— Arrête ! rétorquai-je en lui lançant l'oreiller sur le visage.

— Et pour le vingt-quatre, tu es sûre que tu te sens ?

— Oui, répondis-je non sans éprouver de la tristesse.

— Tu sais que rien ne t'y oblige, précisa-t-il avec du miel dans la voix.

— Oui, je sais. Mais je crois que j'en ai envie.

— On peut annuler si tu veux.

— Non, j'ai envie de passer Noël avec ta famille.

— Ma mère t'adore, tu sais.

— Oui, je sais. On s'entend bien toutes les deux. Elle est exceptionnelle avec moi. Elle se comporte vraiment comme une…, affirmai-je sans réussir à terminer ma phrase.

À ce moment précis, je repensai à ma maman qui s'évertuait à cuisiner chaque année une dinde et des patates pour le réveillon. Elle courait partout avec ses gants et son torchon, soucieuse de nous offrir le meilleur repas de Noël. On n'était peut-être que trois dans la maison, pourtant, des tonnes d'amour et de tendresse se déversaient dans l'appartement et saupoudraient chacun d'entre nous d'une auréole de magie et de tendresse. Je revis mon père en train de déjeuner à l'aube dans sa cuisine, avec ses grandes tartines de beurre et de miel qui plongeaient dans son immense bol de café soluble, et j'eus envie de le serrer fort dans mes bras. Je l'aperçus alors assis derrière le comptoir de son épicerie, regardant la télé réglée au volume minimum, un sourire accroché aux lèvres, ce même sourire qui ne le quittait jamais, même lorsque les mois étaient un peu moins bons, même lorsqu'il venait de courber son dos pendant plus de deux heures pour ranger les provisions sur ses étagères.

Soudain, je l'entendis me demander de lire la composition d'un paquet de biscuits. Mon cœur se serra et, pour lui montrer qu'il pouvait être fier de moi, je commençai à énumérer les quelques lignes qui se trouvaient au dos de la boîte en articulant bien distinctement. *Biscuits aux céréales, aux pépites de chocolat et au lait enrichi en magnésium, fer et vitamines E et B1.* Portée par son regard fier, je poursuivis. *Ingrédients : céréales*

56,6 % (farine de blé 50,4 %, flocons d'avoine 4,4 %, farine complète de seigle 1,8 %), sucre, huiles végétales (palme, colza), pépites de chocolat 12 % (sucre, pâte de cacao, graisses végétales [palme, karité en proportion variable], dextrose, beurre de cacao, émulsifiant [lécithines de soja]), billettes de riz soufflé 2 % (lactosérum riche en calcium...) Je m'interrompis alors pour guetter sa réaction. Je surpris son regard s'illuminer et le plus doux des tableaux s'offrit à moi. Ses yeux pétillaient si fort... En outre, je savais qu'ils avaient brillé un peu plus lorsqu'il m'avait entendue prononcer les mots « dextrose », « lécithine », « émulsifiant », « lactosérum ».

— Bravo, tu as beaucoup progressé, me félicita-t-il.

— Merci, papa, c'est grâce à toi. C'est toi qui m'as appris à lire et à compter, c'est toi qui m'as appris tout ce que je sais, ajoutai-je sans pouvoir retenir mes larmes.

— Ne dis pas de sottises. C'est grâce à toi que tu en es là aujourd'hui. Tu es heureuse ?

— Oh oui, papa. Je suis si heureuse que, parfois, ça me prend aux tripes et ça me fait mal.

— J'en étais sûr ! J'en étais sûr que tu le serais, répondit-il en essuyant une larme. Tu es si forte, ma fille. Je suis si fier de toi.

— Merci, papa. Ça me fait beaucoup de bien d'entendre ça. Tu sais, je n'ai pas toujours été aussi…

— Hep hep, hep, me coupa-t-il. C'est du passé. Aujourd'hui, tu l'es, c'est tout ce qui compte.

— Et toi, papa, tu es heureux ?

— Oui, ma fille, je suis heureux.

— Je suis si contente de te parler, j'en ai rêvé depuis tellement longtemps, papa.

— Moi aussi, ma puce.

— Tu sais, papa, je suis amoureuse, lui confiai-je un peu comme lorsque je lui avais parlé de mon amoureux du C.E.1.

Entre mon père et moi, il n'y avait jamais eu de sujets tabous ni de pudeur des sentiments. Il ne m'avait jamais appris à cacher les jolies choses qui m'arrivaient, mais plutôt à les extérioriser et à les partager. Désormais, tout naturellement, j'avais envie de lui parler de Tom.

— C'est bien, ma fille. Profite. Aime intensément. Savoure chaque instant de ton existence. Vis pleinement. Fonce. N'aie aucun regret. Aucun. Promis ?

— Promis, papa, répondis-je, le cœur noué.

— Je compte sur toi, ma chérie.

— Oui, papa, tu peux compter sur moi, lui répondis-je comme si j'avais encore huit ans.

— Je te laisse, ma puce, déclara-t-il en m'envoyant un baiser au moment où déjà sa douce image disparut.

Oh, non, papa ! Pourquoi es-tu parti si vite ? J'avais des tas d'autres questions à te poser. Et maman, je n'ai pas eu le temps de te demander des nouvelles de maman ! Je revis alors ma mère m'applaudir à mes spectacles de danse, se lever et crier mon prénom si fort que ses voisins se bouchaient les oreilles. J'entendis le bruit de ses baisers qui claquaient sur mes joues et je l'aperçus, elle aussi, installée dans sa boutique de lunettes. Elle était en train de papoter avec son patron de la nouvelle collection, comme elle le faisait souvent. Lorsqu'elle m'aperçut, son visage s'illumina. Elle m'envoya un tas de baisers bruyants et je les attrapai tous au vol. Je l'aimais tant. Elle était si belle… Elle paraissait si heureuse…

— Tu sais, Nina, si tu préfères, on peut annuler. Je vois bien que tu es un peu perdue. Je ne vois pas ton visage, mais je sens tes larmes couler sur mon épaule.

— Non, vraiment. On ne change rien.

— Tu es sûre ?

— Oui, j'en suis certaine. Ce ne sont pas des larmes de tristesse, chuchotai-je en les séchant.

Tom me serra un peu plus fort dans ses bras et j'eus la délicieuse sensation d'être exactement à l'endroit où je devais être. Il m'arrivait souvent de ressentir ce sentiment puissant d'alignement. Un peu comme si, après toutes ces années compliquées, ma vie prenait tout son sens en même temps qu'elle se parait, chaque jour, de nouvelles teintes. Mes pleurs et mes cris faisaient partie du chemin, je ne voulais aucunement les effacer. Ils appartenaient à mon histoire, à mon passé et c'était peut-être eux qui m'avaient conduite dans les bras de Tom.

Nous nous étions rencontrés au bon moment… Cela correspondait à la période où Tom avait ressenti le besoin de ralentir un peu le rythme effréné de ses journées, de se ressourcer et de réorganiser ses priorités. Pour ma part, j'avais suffisamment éprouvé de tristesse en amont pour savourer pleinement ces tartines de bonheur dans lesquelles je croquais à pleines dents tous les matins.

Assez rapidement, nous avions décidé de repenser notre quotidien. Amoureux à la fois d'Aix-en-Provence et de Paris, nous n'avions pas voulu choisir une ville plutôt qu'une autre. Aussi, nous avions eu l'idée de regrouper nos rendez-vous professionnels. Grâce au T.G.V., nous étions à Paris trois jours par semaine, du mardi au jeudi. Tom se rendait au siège de sa boîte pendant que je donnais mes cours à mon école de danse. Mes élèves ne s'étaient quasiment pas aperçus de la supercherie et je m'en amusais.

Dans la foulée, j'avais rendu mon appartement qui renfermait beaucoup trop de colère et d'amertume et qui puait la tristesse jusque dans le plâtre des murs. J'avais évidemment laissé mon matelas et mes affaires imbibées de ma peine au coin de la rue, désireuse de prendre un nouveau départ. Tout cela s'était accompli très naturellement, un peu comme si c'était la seule option, un peu comme si c'était la bonne option.

Tom travaillait davantage à son rythme. Il se déplaçait beaucoup moins qu'avant. En outre, il avait formé son équipe et ses clients à la visioconférence et s'en réjouissait. À Paris, nous enchaînions *les pas chassés* et les *pas de bourrée* et nous courions dans tous les sens, alors que, dans le Sud, nous prenions le temps de nous poser. Même si nous ne le disions pas ouvertement, nous avions notre petite préférence pour Aix, pour la maison de mes parents... enfin, chez moi. Oui, j'arrivais à présent à dire « chez moi », sans que cela écorche mes oreilles et mon cœur. Et c'était peut-être aussi un peu chez nous.

Heureusement, je n'étais plus parasitée par mes craintes quant à la sincérité de ses sentiments depuis longtemps. J'étais à présent sereine et détendue. Je lui faisais confiance, vraiment confiance. D'ailleurs, j'avais davantage confiance en moi et... en la vie. J'avais même foi en l'avenir. Je savais qu'il contenait sa part d'incertitude, d'imprévisible. J'avais intégré que je connaîtrais des jours sombres et d'autres lumineux. J'étais beaucoup moins à vif, sur le fil, à fleur de peau qu'avant. Je prenais ce que la vie pouvait m'offrir sans trop me poser de questions... et c'était vraiment agréable. J'étais capable de mettre des nuances, des couleurs, des dégradés. Tom avait le fabuleux pouvoir d'endormir mes craintes et de chasser mes colères. Il était tellement drôle que, même lorsqu'il m'énervait, je ne pouvais lui faire la tête bien longtemps. Il trouvait toujours comment me faire rire en un temps record. À ses côtés, la vie était vraiment pétillante. Je l'admirais pour sa capacité à relativiser et à prendre de la distance par rapport aux événements, et je tentais de m'en inspirer. Grâce à lui, je profitais et je savourais les petits plaisirs simples comme sa main qui caressait mes tempes.

— C'est si bon, danseuse, d'être à tes côtés, chuchota-t-il en couvrant mon front de baisers.

Je ne m'habituerais décidément jamais à ce surnom. À chaque fois qu'il m'appelait ainsi, mon cœur tressaillait, ratait un battement et se ramollissait. Ce mot avait des pouvoirs magiques. Lorsque je l'entendais, j'oubliais tout le reste. Seuls comptaient alors ses grands yeux envoûtants qui me couvraient de tendresse. À ses côtés, je me sentais protégée, en sécurité, à l'abri. J'étais tout simplement bien. Je me sentais plus forte, plus belle, plus grande. Je puisais de l'énergie dans ses yeux, dans son sourire et dans ses grands bras, sans pour autant imaginer que, sans lui, je n'étais rien. Au contraire, j'avais pris le temps de soigner mes blessures et de panser mes plaies avant de me jeter à corps perdu dans cette relation.

Parfois, il m'arrivait même de me laisser emporter par l'idée que plus rien ne pouvait nous arriver…

Je déposai un baiser sur l'épaule de Tom, fermai les yeux et entendis ma mère me parler de son auteur favori. *Tu sais, ma puce, Jean d'Ormesson a dit que vivre était une catastrophe et un grand bonheur, et je suis assez d'accord avec lui.*

Merci pour les ronces et merci pour les épines. J'ai aimé le soleil, la lumière, l'eau, les arbres, les éléphants, la neige sur les montagnes, la vie en train de s'ouvrir dans les vallées au printemps et cette rumeur indistincte qui annonce l'amour dans le cœur des jeunes gens.

Fin

Biographie

Je m'appelle Johanna Romera et je suis passionnée par l'écriture et la lecture.

En dehors du métier d'auteur, j'exerce également en tant que formatrice de français. J'adore jongler entre ces différentes activités professionnelles qui m'épanouissent.

Le cinéma, le théâtre, les spectacles comiques font partie de mes occupations favorites, mais ma préférée reste de loin faire le clown avec mes enfants. De nature sociable, je suis souvent entourée par mes amis qui apprécient mon côté un peu décalé et fantaisiste, ainsi que ma nature bienveillante.

Vous pouvez me suivre sur ma page Facebook Johanna Romera auteur, sur laquelle je poste régulièrement des publications au gré de mes humeurs.

Mentions légales

ISBN : 979-10-348-1844-0

Evidence Editions
2 rue Abbé Grégoire
17 000 La Rochelle

Site Internet : www.evidence-editions.com
Boutique : www.evidence-boutique.com

Dépôt légal octobre 2021

Achevé d'imprimer chez SoBook le 20-10-2021

Linselles - France

N° impression : 729 916